· 安徽省高等学校科研计划项目"乡村振兴战略下凤阳县产业振兴与生态振兴协同推进路径研究"（2022AH051062）
· 安徽省高等学校科研计划项目"'双碳'目标下民营企业数字化转型与绿色可持续发展研究"（2024AH052960）　　资助
· 滁州学院数字技术与乡村振兴安徽省哲学社会科学重点实验室建设经费

农业绿色发展的
内在机理、现实障碍
和实践路径

许艳芳／著

The Intrinsic Mechanism, Real-World Barriers
and Practical Pathways
of Agricultural Green Development

中国财经出版传媒集团

经济科学出版社
Economic Science Press
· 北京 ·

图书在版编目（CIP）数据

农业绿色发展的内在机理、现实障碍和实践路径／
许艳芳著 . -- 北京：经济科学出版社，2025.3.
ISBN 978 - 7 - 5218 - 6764 - 0

Ⅰ. F323

中国国家版本馆 CIP 数据核字第 2025YG0416 号

责任编辑：杜　鹏　武献杰　常家凤
责任校对：靳玉环
责任印制：邱　天

农业绿色发展的内在机理、现实障碍和实践路径
NONGYE LÜSE FAZHAN DE NEIZAI JILI, XIANSHI ZHANGAI HE SHIJIAN LUJING
许艳芳／著
经济科学出版社出版、发行　新华书店经销
社址：北京市海淀区阜成路甲 28 号　邮编：100142
编辑部电话：010 - 88191441　发行部电话：010 - 88191522
网址：www. esp. com. cn
电子邮箱：esp_bj@ 163. com
天猫网店：经济科学出版社旗舰店
网址：http://jjkxcbs. tmall. com
固安华明印业有限公司印装
710 × 1000　16 开　12.25 印张　210000 字
2025 年 3 月第 1 版　2025 年 3 月第 1 次印刷
ISBN 978 - 7 - 5218 - 6764 - 0　定价：99.00 元
（图书出现印装问题，本社负责调换。电话：010 - 88191545）
（版权所有　侵权必究　打击盗版　举报热线：010 - 88191661
QQ：2242791300　营销中心电话：010 - 88191537
电子邮箱：dbts@ esp. com. cn）

前　言

　　农业绿色发展是农业强国建设的题中应有之义，也是加快实现农业农村现代化的必然要求。2024 年中央一号文件提出，"坚持产业兴农、质量兴农、绿色兴农"，并从打好农业农村污染治理攻坚战、推进化肥农药减量增效等方面对加强农村生态文明建设作出具体部署。推动农业高质量发展，要从农业农村发展实际出发，坚持绿色发展理念，加强农村生态保护，推进绿色农业科技创新，让绿色成为农业高质量发展的鲜明底色。党的十八大以来，一系列着眼于农业绿色发展的政策文件先后出台，如《关于创新体制机制推进农业绿色发展的意见》《乡村振兴战略规划（2018－2022 年)》《"十四五"全国农业绿色发展规划》等，引领农业绿色发展加快步伐，推动农业生态环境持续改善。根据农业农村部数据显示，2023 年我国化肥农药施用持续减量增效，畜禽粪污综合利用率、秸秆综合利用率、农膜处置率分别超过 78%、88%、80%。农业生产和农产品"三品一标"再获新成效，新认证登记绿色、有机和名特优新农产品 1.5 万个，全国农产品质量安全监测总体合格率达到 97.8%。虽然目前我国农业绿色发展取得了积极成效，但在农业绿色发展中依然面临的资源要素短缺、环境污染突出、生态破坏严重、科技支撑不足等问题在一定程度上制约着农业绿色发展，影响农村生态环境保护与改善。

　　自 2016 年中央一号文件正式提出"农业绿色发展"以来，我国学术界对农业绿色发展开展了广泛而深入的研究，取得了诸多研究成果。农业绿色发展作为实现农业可持续发展、推动乡村全面振兴的重要举措已成为学术界的基本共识。然而，农村绿色发展的内在机理是什么，在全面推进乡村振兴的过程中如何根据农业绿色发展的内在机理和我国农业绿色发展的典型模式和成功经验构建符合我国实际的农业绿色发展模式、制度体系和运行机制，实现乡村产业振兴与和生态振兴深度融合，是当前面临的重要课题之一。鉴于此，笔者自 2021 开始对农业绿色发展问题进行思考和研究，并主持了安徽省高等学校科研计划项目"乡村振兴战略下凤阳县产业振兴与生态振兴协同推进路径研究"（2022AH051062），参与了安徽省高等学校科研计划项目"'双碳'目标下民营企业数字化转型与绿色可持续发展研究"（2024AH052960）。本书是在计划项目及相关研究成果基础之上完成的，同时受到滁州学院数字技术与乡村振兴安徽省哲学社科重点实验室引才奖补专项资金资助，在此表示感谢。由于笔者才识学浅、水平有限，书中不可避免存在诸多不成熟和不足之处，敬请批评指正。

在本书即将完成之际，笔者要感谢在本书撰写过程中给予我指导、帮助和支持的良师益友。首先，特别感谢滁州学院经济与管理学院院长王琦教授、滁州学院数学与金融学院院长夏岩磊教授、滁州学院经济与管理学院财会系主任黎娜教授，三位教授既是我的领导，亦是我工作和学习中的导师，感谢他们一直以来给予我的关怀、指导和帮助。其次，感谢滁州学院耿刘利副教授、程艳老师、汪娇老师，感谢他们的鼓励和鞭策让笔者能够尽快地完成此书。最后，要感谢本书撰写过程中所参考的相关研究成果的作者，虽然已在书中尽可能详尽地对参考和引用部分进行标注，但依然可能有所遗漏，在此对相关专家和学者表示诚挚歉意和衷心感谢。

滁州学院　许艳芳
2025 年 2 月

目　录

第一章

绪　论

第一节　选题背景及问题的提出

农业绿色发展涉及国家粮食供应、环境保护以及资源安全，不但关系到现代社会的公共福利，还对未来的持续发展有着深远的影响，是国家和民族亟待解决的重要议题。当前，我国的农业发展模式尚未完全摆脱依赖大量资源消耗的传统方式，生态恶化及农业面源污染的问题还没有得到彻底的解决。绿色、安全、优质农产品的供应尚不能满足社会消费升级的需求，农业支持保障体系亟待完善。

一、乡村振兴战略下国家积极推进农业绿色发展

党的十九大从全面建设社会主义现代化的战略高度出发提出了乡村振兴战略，从"产业兴旺、生态宜居、乡风文明、治理有效、生活富裕"五个方面对乡村振兴提出了总要求，成为新时代推进我国"三农"工作的总抓手，为新时代中国特色社会主义农业农村改革与发展指明了道路和方向，明确了"三农"工作重点。2018 年中央一号文件《中共中央　国务院关于实施乡村振兴战略的意见》分别从 2020 年、2035 年和 2050 年三个阶段提出了乡村振兴战略的目标和任务，从坚持党管农村，坚持农业农村优先发展，坚持农民主体地位，坚持乡村全面振兴，坚持城乡融合发展，坚持人与自然和谐共生，坚持因地制宜、循序渐进七个方面提出了推进乡村振兴的基本原则。

　　坚持人与自然和谐共生，实现农业绿色发展，必须始终坚持"绿水青山就是金山银山"的发展理念。习近平主持召开中央全面深化改革领导小组第三十七次会议时指出，推进农业绿色发展是农业发展观的一场深刻革命，也是农业供给侧结构性改革的主攻方向。①党的十八届五中全会和十九大报告均强调了创新、协调、绿色、开放、共享的发展理念，并倡导建设一个绿色低碳的经济体制。2017 年发布的《关于创新体制机制推进农业绿色发展的意见》更是明确将农业绿色发展作为生态文明建设的重要环节，旨在通过建立以绿色生态为导向的制度体系来实现农业的可持续发展，带动农民增收和乡村环境改善。《乡村振兴战略规划（2018 - 2022 年）》强调，以生态环境保护和资源可持续利用为引领，大力推进绿色农业生产方式的发展。2021 年十三届全国人大四次会议表决通过的《中华人民共和国国民经济和社会发展第十四个五年规划和 2035 年远景目标纲要》中明确提出加快绿色低碳发展、持续改善环境质量、提升生态系统质量和稳定性。近年来，中央一号文件连续几年都将农业绿色发展作为主要议题，从加强资源环境保护和修复、推动形成以绿色为核心的农业发展新模式到强调农业科技和装备的支撑作用以及坚持产业发展、提升质量与绿色兴农的策略以及相关措施彰显了农业绿色发展在构建美丽中国、提高民众生活质量及推动经济社会持续发展中的核心地位。

二、资源约束下农业绿色发展面临严峻挑战

　　2022 年 6 月的"中国这十年"系列主题新闻发布会指出，我国在农业资源保护、农业面源污染治理、农业生态系统修复以及绿色低碳产业链条构建等领域取得了积极成效。然而，我国的农业绿色发展依然面临一些不容忽视的问题和挑战，如耕地面积的减少及质量的下降、农业面源污染严重、水资源短缺加剧等极大限制了我国农业的可持续发展。首先，随着工业化、城镇化的加速推进，我国耕地面积持续减少。根据第二次和第三次全国土地调查数据，2009 ~ 2019 年，我国耕地每年净减少超过 1 100 万亩，特别是在东北地区，被誉为"耕地中的大熊猫"的黑土地面临严重的水土流失问题。根据

---

　　① 习近平主持召开中央全面深化改革领导小组第三十七次会议［EB/OL］．（2017 - 07 - 19）［2024 - 10 - 15］．https：//www.gov.cn/xinwen/2017 - 07/19/content_5211833.htm.

《2023 年中国水土保持公报》显示，东北黑土地的水土流失面积达到了 20.89 万平方公里，占到总面积的 19.20%。[①] 其次，耕地面积减少的同时耕地质量也持续下滑。受风雨侵蚀、过度利用等因素影响，东北地区的黑土层平均厚度已由 20 世纪 50 年代的 60～70 厘米下降到 20～30 厘米，黑土耕层的有机质含量下降了 50%～60%，土壤潜在生产力降低了 20% 以上，而且仍在以年均 5‰的速率下降。[②] 华北平原耕层变浅，比适宜的 22 厘米浅 3～7 厘米。南方土壤酸化问题严重，南方 14 省份 65% 的土壤 PH 值小于 6.5，强酸性土壤耕地面积占比迅速扩大。再次，耕地污染源不断增多，农业面源污染严重。工业废气、废水、废渣和城市垃圾等正逐步向农村扩散，农产品主产区受到汞、砷等重金属污染的问题亦呈加重趋势。最后，水资源短缺且农田水资源利用系数低。农村垃圾和污水处理能力不足，农业用水压力不断加大。北方粮食主产区水资源紧张，农田灌溉水有效利用系数低，水资源短缺问题日益凸显。水利部党组书记、部长李国英表示，我国近 2/3 的城市存在不同程度的缺水现象，年缺水量超过 500 亿立方米。北方部分地区水资源开发利用率甚至超过 100%，地下水位持续下降。农业用水量占比常年超过 60%，但我国农田灌溉水有效利用系数为 0.576，较发达国家低 0.2 左右，水资源利用效率有待提高。[③] 水土资源日益紧张，严重制约了国家粮食安全和重要农产品供给。推动农业绿色发展不仅是解决资源和环境问题的必要措施，也是优化农业生产力空间布局、适应区域经济社会发展需求的重要策略。

党的十八大以来，我国坚持走生态优先和绿色发展的道路，而农业绿色发展成为了农业领域践行绿色发展理念的实质性举措。农业绿色发展是全面实施节约战略、巩固粮食安全基础、深化农业供给侧结构性改革的必然选择，对全面推动乡村振兴、加快建设现代化农业强国、实现人与自然和谐共生具有重要意义。我国拥有丰富而多样的农业资源，各地区的农业生产条件和方式也存在着明显的区别。因此，深入了解我国农业绿色发展的内在机理和发展现状是推动农业绿色发展的基础。本书探究了我国农业绿色发展的内在机理，并对农业绿色发展典型案例的经营模式进行深入剖析。在此基础上，将

---

① 水利部. 2023 年中国水土保持公报 [EB/OL]. (2014-03-31) [2024-10-15]. http://www.mwr.gov.cn/sj/tjgb/zgstbcgb/202403/t20240329_1708287.html.

② 沈慧. 破解东北黑土地保护利用难题 [N]. 经济日报, 2021-07-26 (009).

③ 李国英. 建立健全节水制度政策体系 [N]. 光明日报, 2024-12-18 (010).

理论与实践相结合，探索我国农业可持续发展的有效途径，并提出科学合理的政策制度体系，以加速推进我国农业绿色转型，促进乡村产业与生态同步振兴，实现生态文明的整体目标。

第二节　研究意义

农业绿色发展已成为我国生态文明建设的重要组成部分和农业农村经济研究关注的焦点。深入研究我国农业绿色发展的内在机理，总结我国农业绿色发展的典型模式和成功经验，构建切合我国实际的农业绿色发展模式、制度体系和运行机制具有重要的理论意义和实践价值。

一、理论意义

第一，有助于为新时代农业绿色发展的进一步推进提供理论支撑。新时代背景下的农业绿色发展是一个融合多个学科的热门研究领域，吸引了来自经济学、社会学和农业学等多个领域的学者的关注。农业绿色发展是"三农"政策和建设美丽中国的重要组成部分，关乎农业长远发展的方向。深入研究我国农业绿色发展面临的主要问题与挑战，探索农业绿色发展的核心运作机制和实践路径，有助于加深对农业绿色发展概念的理解，并为新时代农业绿色发展的持续推进提供理论依据。

第二，有助于深化与发展农业绿色发展的学术研究成果。对新时代农业绿色发展的内涵、主要内容、价值意义等相关问题及其理论基础进行梳理，有助于深化对该领域的理论认知。从农业发展的实际出发，系统研究农业绿色发展的现状和路径选择能为实践提供科学指导。对农业绿色发展的基本问题及现实应用进行系统研究，有助于丰富农业绿色发展领域的学术成果。

二、实践意义

首先，有利于生态文明建设全面推进。美丽中国建设离不开美丽乡村的塑造，而农业绿色发展正是美丽乡村的缩影。农业活动本质上涉及与自然资源的能量互换，深化了人类与自然的互动。采取以生态资源为依托的农业方式，实行科学环保的种植与耕作方法，不仅促进了农业的绿色转型，还有助于提升农村生态环境质量，从而加快建设宜居乡村和美丽中国的步伐。

其次，有助于农业现代化的顺利推进。实现农业现代化，绿色是最重要的底色。新时代农业现代化必须打破传统的发展框架和思维限制，全面采用可持续的发展方法，通过将绿色理念整合到农业生产的各个方面，显著增强农业的绿色发展动力，从而更有效地推动农业现代化进程并促进社会主义的整体现代化。研究新时代农业绿色发展、理解其内涵、深入分析当前的挑战、总结过往经验并制定有效的策略是形成农业高效发展新途径的关键，有利于提升农业的质量和效益，推动整个社会的持续进步。

最后，有利于乡村产业振兴和生态振兴的协同推进。乡村振兴战略旨在实现产业兴旺、生态宜居、乡风文明、治理有效和生活富裕的总体目标。农业绿色发展有助于增强农业经济的活力，促进区域经济的全面繁荣，推动农业农村产业的兴旺发展，实现乡村产业振兴；农业绿色发展有助于改善农村的生产和生活环境，满足农民对高质量生活的期望，实现乡村生态振兴；农业绿色发展还有助于提升农民的物质和精神生活水平，进而实现生活富裕。通过农业绿色发展路径的研究可以助推乡村振兴，实现全社会和谐共生、全体人民共同富裕的目标。

第三节 研究思路与内容

一、研究思路

为了探寻农业绿色发展的实践路径，本书按照"政策文献梳理—理论研究—现状研究—案例研究—实践路径"的思路进行研究。第一，在文献梳理的基础上，洞悉国内外农业绿色发展研究的成果及不足之处，进一步深入探讨农业绿色发展的内涵；第二，通过文献分析和理论研究，揭示农业绿色发展的内在机制，探索农业绿色发展的规律；第三，通过对我国农业绿色发展的现状进行研究，全面评估我国农业绿色发展取得成效及面临的挑战；第四，结合我国绿色先行区的部分农业绿色发展典型案例，提炼出我国农业绿色发展的基本模式和主要特点，为其他地区提供借鉴，引导其结合本地实际，加快农业绿色发展步伐；第五，针对我国农业绿色发展路径提出政策建议，为实现农业可持续发展提供有力支持。本书的研究框架如图1-1所示。

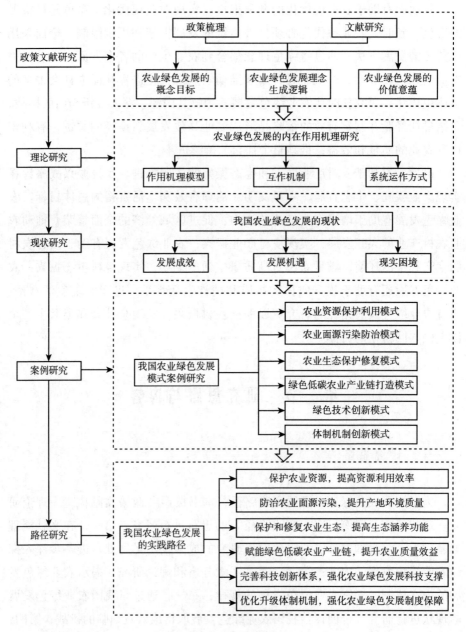

图1-1 研究框架

二、研究内容

本书共分为七章，每章内容介绍如下。

第一章绪论。本章主要介绍本书的选题背景、研究意义、研究的思路与内容、主要研究方法，在本书中起着提纲挈领的作用。

第二章政策梳理与文献研究。紧紧围绕农业绿色发展梳理我国政策举措与国内外相关文献，重点分析农村绿色发展的政策演进及内在逻辑，全面把握农业绿色发展的研究动向。从乡村振兴战略视角分析农业绿色发展的应然性与必然性，明确农业绿色发展是乡村产业振兴和生态振兴协同推进的必然要求，是有效解决"金山银山"和"绿水青山"矛盾的迫切选择，是实现人与自然和谐共生、全体人民共同富裕的有效路径。本章通过对相关文献进行梳理、回顾和述评，厘清已有研究脉络、逻辑与不足之处，进而引出本书研究的问题。

第三章农业绿色发展的相关概述及理论基础。本章是本书的理论分析部分，首先从绿色发展的内涵、农业绿色发展的界定及目标等方面介绍了农业绿色发展的相关概念；其次，对农业绿色发展理念的生成逻辑和农业绿色发展的价值意蕴进行分析；最后，从可持续发展理论、农业多功能理论、产业生态学理论、系统科学理论和循环经济理论五个方面介绍本书的理论基础，明确农村绿色发展的理论缘起，为本书的研究提供理论依据与支撑。

第四章农业绿色发展的内在作用机理。本章围绕实现农业可持续发展、农民生活更加富裕、乡村更加美丽宜居的农业绿色发展任务目标，通过融合产业生态学和系统科学的理论，构建农业绿色发展机理模型。阐释农业绿色发展系统的内在特定功能和外在环境条件，解析农业绿色发展系统构成及其子系统结构，进而探明驱动农业绿色发展的关键因素如何实现互利共生、协作共生及城乡融合共生，并进一步诠释了农业循环发展，低碳发展和生态发展等不同的运作模式。本章主要是对农业绿色发展的内在机理进行探讨，为后面开展案例研究奠定了基础。

第五章我国农业绿色发展的成效及现实障碍。本章主要分为两个部分，一是考察近年来我国农业绿色发展的显著成效，二是分析我国农业绿色发展的现实机遇与障碍。2016 年，中央一号文件明确提出"农业绿色发展"以后，我国农业绿色发展成效显著，农业资源利用效率提高、生态环境持续改善、绿色供给稳步增加、农业现代化水平逐步提升。但农业绿色发展进程中也是机遇与挑战并存。农业绿色主体带动能力增强、农业绿色市场需求增加等给农业绿色发展带来了现实机遇，但自然资源要素短缺、农业科技支撑不足、体制机制尚不完善等也给农业绿色发展带来严峻的挑战。对我国农业绿色发展现实机遇及障碍的分析为我国农业绿色发展路径选择奠定了基础。

第六章我国农业绿色发展模式案例研究。推进农业绿色发展是农业发展观的一场深刻革命。国家农业绿色发展先行区是推进农业绿色发展的综合性试验平台，对全国农业绿色发展的推进具有示范引领作用。本章对我国农业绿色发展先行区12个农业绿色发展的典型地区的6种具体模式，包括农业资源保护利用模式、农业面源污染防治模式、农业生态保护修复模式、绿色低碳农业产业链打造模式、绿色技术创新模式和体制机制创新模式进行分析，总结出我国农业绿色发展的基本模式及其主要特征，示范引导其他地区结合本地实际，加快推进农业绿色发展。

第七章我国农业绿色发展的实践路径。本章根据上述理论研究、内在机理分析与典型案例研究，深刻把握"产业振兴""生态振兴""生态文明建设""农业现代化"的要求，站在"更加注重人与自然和谐共生、全体人民共同富裕问题"的高度，就如何进一步提高资源利用效率、提升产地环境质量、提升生态涵养功能、增加绿色农产品供给、强化农业绿色发展科技支撑和加强农业绿色发展制度保障提出有效的政策建议，这也是本书研究的逻辑终点。

第四节　主要研究方法

一、文献研究法

文献研究法是一种传统而富有生命力的科学研究方法，是根据特定的研究目的，通过搜集、调查、甄别、整理和分析文献从而形成对特定事实全面、正确的科学认识的方法。文献研究法贯穿本书研究整个过程，整理有关国内外农业绿色发展的理论与学术文献，并对其进行深入研究和客观评价，为研究提供文献准备、理论指导和智力支撑。本书的文献数据来自国内外数据库中期刊及各类报刊发表的相关研究文献以及国家统计局和定期发布的统计公报和各类统计年鉴等。

二、多学科综合研究法

多学科综合研究法是指结合不同学科的研究方法和理论，通过对问题的多方面深入探究和综合分析，以获得更加全面和深入的研究成果的方法。农业绿色发展研究是一个涉及多个学科领域的课题，本书综合运用生态学、社会学、经济学等学科的知识对农业绿色发展的基本内涵、理论基础、现状及面临的困境等问题进行多维度的综合分析。在农业绿色发展研究中，多学科综合研究法不仅能够提供更加全面、深入的研究成果，还能够促进不同学科之间的交流和合作。

三、规范研究法

规范研究法是在一些假设的前提下，根据事物的内在联系和逻辑关系，从纯理论中推导出结论，研究的是经济活动应该是什么样、应该如何及如何解决等问题。规范研究法在本书中主要应用于理论研究和内在机理分析之中：应用于农业绿色发展理论分析，进一步丰富和扩大农业绿色发展的内涵和外延；应用于农业绿色发展内在作用机理研究，为如何提出政策建议以促进农业绿色发展奠定基础。

四、案例研究法

案例研究法是一种常用的定性研究方法，适用于对现实中某个复杂且具体的问题进行深入和全面的考察。研究者通过对特定现象或事物进行详细的描述和探索，以揭示其背后的原因和关联。在中国农业绿色发展典型模式研究中，采用案例分析法对我国绿色发展先行区的 12 个农业绿色发展的典型地区 6 种具体模式进行分析，归纳总结出我国农业绿色发展的基本模式及其核心特征，并据此提出加速推进我国农业绿色进程的策略和建议，为政府制定农业绿色发展政策和产业建设规划提供数据支持与决策参考。

第二章

政策梳理与文献研究

第一节 我国农业绿色发展政策演进及内在逻辑

一、我国农业绿色发展政策演进及评价

从中华人民共和国成立到改革开放初期，我国的农业政策主要集中在提高产量和收入上，对农业环境保护的关注几乎为零。1978 年改革开放以后，随着工业和城市的快速发展，原先作为污染"避风港"的农村地区逐渐转变为绿色发展的核心战场。中国农业发展从注重量的增长到注重质的提高，从仅关注污染控制到强调农业的可持续发展以及推动乡村振兴战略。中国的农业绿色发展政策的逐步演变，不仅反映在其目标的调整上，也体现在政策措施的逐步完善和可持续发展理念的强化上。本书依据中共中央、国务院 1982～1986 年连续五年和 2004～2024 年连续二十一年发布的 26 个以"三农"为主题的中央一号文件以及期间发布的农业绿色发展主要相关政策文件，按照阶段性特征将其划分为三个阶段，如表 2－1 所示。

表 2－1　　　　　　　历年相关文件中的农业绿色发展要点归纳

阶段	年份	文件名称	农业绿色发展相关要点归纳
（一）1978～1999 年：酝酿探索阶段	1979	《中华人民共和国环境保护法（试行）》	加强农村环境保护，防治生态破坏
	1982	《全国农村工作会议纪要》	使土地资源得到合理利用，提高劳动生产率

续表

阶段	年份	文件名称	农业绿色发展相关要点归纳
（一）1978~1999年：酝酿探索阶段	1983	《当前农村经济政策的若干问题》	合理利用自然资源，保持良好的生态环境
	1984	《关于一九八四年农村工作的通知》	改善生态环境
	1985	《关于进一步活跃农村经济的十项政策》	促进农村产业结构的合理化
	1986	《关于一九八六年农村工作的部署》	农业转向持续稳定的发展
	1993	《中华人民共和国农业法》	促进农业和农村经济的持续、稳定、健康发展
	1999	《国家环境保护总局关于加强农村生态环境保护工作的若干意见》	促进农村地区生态环境质量的改善
（二）2000~2015年：快速发展阶段，目标由单一转向综合	2001	《国家环境保护"十五"计划》	控制农业面源污染、农村生活污染和改善农村环境
	2004	《中共中央　国务院关于促进农民增加收入若干政策的意见》	全面提高农产品质量安全水平
	2004	《全国环境保护工作要点》	积极开展生态保护工作
	2005	《中共中央　国务院关于进一步加强农村工作提高农业综合生产能力若干政策的意见》	实行最严格的耕地保护制度，提高耕地质量
	2006	《中共中央　国务院关于推进社会主义新农村建设的若干意见》	发展循环农业，防治农业面源污染
	2007	《中共中央　国务院关于积极发展现代农业扎实推进社会主义新农村建设的若干意见》	鼓励发展循环农业、生态农业、有机农业，提高农业可持续发展能力
	2007	《关于加强农村环境保护工作的意见》	着力解决突出的农村环境问题，强化农村环境保护工作
	2008	《中共中央　国务院关于切实加强农业基础建设进一步促进农业发展农民增收的若干意见》	实施无公害农产品行动，加强耕地保护和土壤改良
	2009	《中共中央　国务院关于2009年促进农业稳定发展农民持续增收的若干意见》	严格农产品质量安全全程监控，推进生态重点工程建设

续表

阶段	年份	文件名称	农业绿色发展相关要点归纳
（二）2000～2015年：快速发展阶段，目标由单一转向综合	2010	《中共中央 国务院关于加大统筹城乡发展力度 进一步夯实农业农村发展基础的若干意见》	推进菜篮子产品标准化生产，构筑牢固的生态安全屏障
	2011	《中共中央 国务院关于加快水利改革发展的决定》	搞好水土保持和水生态保护
	2012	《中共中央 国务院关于加快推进农业科技创新持续增强农产品供给保障能力的若干意见》	推广高效安全肥料、低毒低残留农药，加快农业面源污染治理
	2013	《中共中央 国务院关于加快发展现代农业进一步增强农村发展活力的若干意见》	推进农村生态文明建设
	2014	《中共中央 国务院关于全面深化农村改革加快推进农业现代化的若干意见》	建立农业可持续发展长效机制，促进生态友好型农业发展
	2015	《中共中央 国务院关于加大改革创新力度加快农业现代化建设的若干意见》	转变农业发展方式，加强农业生态治理
	2015	《关于打好农业面源污染防治攻坚战的实施意见》	明确了"一控两减三基本"的目标
	2015	《关于加快转变农业发展方式的意见》	深入推进农业结构调整，提高资源利用效率，提升农产品质量安全水平
	2015	《全国农业可持续发展规划（2015－2030年）》	资源环境的可持续利用和保护
（三）2016年至今：战略提升阶段，农业绿色发展引领乡村振兴	2016	《中共中央 国务院关于落实发展新理念加快农业现代化实现全面小康目标的若干意见》	发展绿色农业，保护资源修复生态
	2016	《全国绿色食品产业发展规划纲要（2016－2020年）》	提供安全优质农产品
	2017	《中共中央 国务院关于深入推进农业供给侧结构性改革 加快培育农业农村发展新动能的若干意见》	推行绿色生产方式，增强农业可持续发展能力
	2017	《关于创新体制机制推进农业绿色发展的意见》	从体制、机制层面推动农业绿色发展

续表

阶段	年份	文件名称	农业绿色发展相关要点归纳
（三）2016年至今：战略提升阶段，农业绿色发展引领乡村振兴	2018	《中共中央　国务院关于实施乡村振兴战略的意见》	加强农业面源污染防治，开展农业绿色发展行动
	2018	《农业绿色发展技术导则（2018－2030年)》	构建支撑农业绿色发展的技术体系
	2019	《中共中央　国务院关于坚持农业农村优先发展做好"三农"工作的若干意见》	推动农业农村绿色发展，创建农业绿色发展先行区
	2020	《中共中央　国务院关于抓好"三农"领域重点工作确保如期实现全面小康的意见》	治理农村生态环境突出问题，增加优质绿色农产品供给
	2020	《关于加快建立绿色生产和消费法规政策体系的意见》	将绿色发展理念从生产环节向消费环节拓展
	2021	《中共中央　国务院关于全面推进乡村振兴加快农业农村现代化的意见》	推进农业绿色发展，加强资源和环境的保护和修复
	2021	《"十四五"全国农业绿色发展规划》	加快农业全面绿色转型，持续改善农村生态环境
	2022	《中共中央　国务院关于做好2022年全面推进乡村振兴重点工作的意见》	推动形成绿色兴农新格局，推进乡村生态振兴
	2023	《中共中央　国务院关于做好2023年全面推进乡村振兴重点工作的意见》	推进农业绿色发展，"一加快，四推进"
	2023	《国家农业绿色发展先行区整建制全要素全链条推进农业面源污染综合防治实施方案》	探索形成农业面源污染综合防治整体解决方案，示范带动农业发展全面绿色转型
	2024	《中共中央　国务院关于学习运用"千村示范、万村整治"工程经验有力有效推进乡村全面振兴的意见》	坚持"产业兴农、质量兴农、绿色兴农"

（一）1978～1999年：酝酿探索阶段

1. 阶段特征。在20世纪80年代，中国经历了迅猛的经济增长和城市化进程的加速。在城市扩张的同时，工业废料和城市垃圾处理问题也开始扩散到农村地区。许多消耗能源较高且污染严重的企业，如化工和造纸厂，以设立分厂的方式搬迁到农村地区，使农村地区成为工业和城市污染的避难所。这些乡镇企业数量庞大且遍布广泛，同时缺乏有效的监管措施，导致很多企业排放的污染物常常未经处理就直接释放到自然环境中，成为当时农村环境污染的主要来源，其污染程度甚至超过了城市工业污染转移所带来的危害。

在传统农业向现代农业转变过程中，一系列不当的农业活动使农村后期环境问题凸显，如化肥农药地膜的过量使用、畜禽粪便处置不当、地下水过量开采、过度垦荒、滥砍滥伐等导致水土流失问题加剧。农田对氮肥的过度应用造成了地下水的污染和湖泊的富营养化问题。高毒农药的使用在消灭害虫的同时也威胁到了益虫的生存，并在环境及动植物体内积累。20世纪80年代，卫生部对全国十六个省区市的7 700多份农畜产品检验中有超半数检出了有毒的农药成分。畜禽粪便大量产生而未被充分利用，直接排放至环境中，加重了环境压力。据国家环保总局2000年对全国23个规模化畜禽养殖集中的省、市调查显示，我国1999年畜禽废弃物产生量约为19亿吨，畜禽废弃物中含有大量的有机污染物，仅COD一项就达7 118万吨。① 污水灌溉在80年代迅速发展，到1998年第二次污水灌区环境状况普查时显示，我国污灌农田面积已达361.84万公顷，约占全国总灌溉面积的7%以上。② 污水灌溉造成了土壤和地下水的严重污染，影响了作物的安全生长。1995年中国环境状况公报中首次列入农村环境状况，1999年公报明确指出农村环境质量有所下降。以1999年为转折点，农村环境污染已经超过了环境的自我恢复能力，环境状况逐渐恶化的趋势明显。

2. 政策行动。1982～1986年，中共中央和国务院相继发布了五个重点关注"三农"问题的中央一号文件，这些文件虽未直接提及农业绿色发展，却已开始聚焦于提升土地使用效率和改善农村生态环境，在实践中体现了政府对农业与农村环境的重视。我国环境政策体系建设由此起步，一系列重要的

---

① 李远. 我国畜禽养殖业的环境问题与防治对策 [EB/OL]. (2002 - 01 - 10) [2024 - 10 - 15]. https://www.mee.gov.cn/ywgz/trsthjbh/nchjgl/201604/t20160424_335975.shtml.
② 蔡秀萍，周宁. 我国农田污水灌溉现状综述 [J]. 水利天地，2009 (11)：11 - 12.

法律法规相继出台。1979 年，我国首次颁布了《中华人民共和国环境保护法（试行）》，要求针对农村地区加强环境保护，防止生态破坏，并合理使用农药和化肥等农业生产资料。1984 年，国务院发布了《关于加强乡镇、街道企业环境管理的决定》，以应对城市污染转嫁问题。1985 年，国务院发布《关于开展生态农业，加强农业生态环境保护工作的意见》，要求推广生态农业各类"生态农业"模式逐渐兴起。1986 年，国务院颁布的《中华人民共和国国民经济和社会发展第七个五年计划》，明确禁止大城市和大中型企业将污染问题转嫁到农村和小型企业。1994 年，我国发布《21 世纪发展议程》，深度探讨了农业的可持续发展，其中涉及农业生产、粮食安全、生态环境保护和资源的可持续使用等多个方面，为未来的农业发展设定了全新的目标。1999 年，国家环保总局印发了《关于加强农村生态环境保护工作的若干意见》，这是国家层面首个专门针对农村环境保护的政策文件，标志着这一阶段的结束以及农业农村环境保护意识初步确立。

3. 阶段评价。在这个阶段，城市污染转嫁和农业生产中的不当行为导致农业农村环境问题日益凸显。为了防止城市污染向农村扩散，国家出台了一系列相关政策，但对于农业面源污染防治政策仍处于探索阶段，仅在大方向上确立了目标，缺乏具体、有针对性的政策行动。尽管我国 1993 年就颁布了《中华人民共和国农业法》，但其中关于农业绿色发展支撑和规范的内容范围有限，农业绿色发展政策处于酝酿探索阶段。

（二）2000～2015 年：快速发展阶段，目标由单一转向综合

1. 阶段特征。自 21 世纪初以来，我国的农业与农村经济展现出强劲的发展势头，与此同时，我国也变成了全球化肥与农药方面的最大生产国和消费国。国家统计局数据显示，2000～2015 年，我国化肥的使用量大幅增长，从 4 146.4 万吨激增到 6 022.6 万吨，年均增幅达百万吨以上。我国农作物亩均化肥用量为 21.9 千克，远高于世界平均水平（8 千克/亩），分别是美国及欧盟的 2.6 倍和 2.5 倍。农药的使用同样呈上升趋势，从 2000 年的 127.95 万吨增至 2014 年的 180.33 万吨。[①] 尽管化肥与农药的使用量持续攀升，但它们的平均利用率仍相对较低，分别只有 33% 和 35%，低于发达国家 15%～30%。过

---

① 中华人民共和国国家统计局. 中国统计年鉴 2016 [M]. 北京：中国统计出版社，2016.

量使用农药化肥、施肥和施药方法不科学等问题导致地力下降、农产品残留超标和农业面源污染。面对资源条件和生态环境的两个"紧箍咒",农业发展亟须实现化肥减量增效和农药减量控害。

在我国的农业领域中,规模化的畜禽养殖业已成为农业面源污染的主要排放源,严重危害着农村的自然环境。据《第一次全国污染源普查公报》数据,2007 年我国畜禽养殖产生的化学需氧量和氨氮排放量分别高达农业排放总量的 95.8% 和 78.1%,占全国化学需氧量和氨氮排放量的 41.9% 和 41.5%。国家统计局数据显示,2014 年我国畜牧业总产值高达约 27 963.39 亿元,占农林牧渔业总产值的 28.6%。[①] 养殖业作为农业生产的重要组成部分,其特点决定了以污染达标排放为目标将导致养殖成本大幅上升,会对整个农业产业的发展造成不利影响。在这种背景下,畜禽粪便的资源属性逐渐受到重视,达标排放成为底线选择,实现资源化利用成为根本出路。

2. 政策行动。2004~2015 年,中央连续发布了 12 个一号文件,专注于提升农产品的品质,控制农业源头的污染以及推动农村生态文明的建设。2001 年,《国家环境保护"十五"计划》提出对农业源头污染、农村居民生活污染进行管控,改善农村的环境质量。2004 年,《全国环境保护工作要点》强调支持农业快速发展的同时,将生态环境保护纳入其中,将环保理念落实到具体实践。2007 年,《关于加强农村环境保护工作的意见》进一步明确了中央至地方各级政府在环保资金投入上的责任,同时鼓励和引导社会资本参与农村环保项目。2010 年,环境保护部制定了关于农业化肥和农药使用及农业固体废物污染控制的国家环保标准,为降低农业源头污染提供了技术支持和科学依据。2013 年,国务院颁布了《畜禽规模养殖污染防治条例》,这是中国首个专门针对农业和农村环保的国家级行政法规,标志着我国在农业农村环境保护方面迈出了重要一步。

2014 年修订的《中华人民共和国环境保护法》对农业源的污染防控进行了全面规定,包括农村综合整治、畜禽养殖污染防治和生活垃圾处理等多个方面,确立了新时代农业与农村环境保护的法律框架。2015 年,《关于打好农业面源污染防治攻坚战的实施意见》明确提出了"一控两减三基本"的目标,并实施了多项具体措施。首先,建立了农业污染源监控网络,对农业面源污染

---

① 中华人民共和国国家统计局. 中国统计年鉴 2015 [M]. 北京:中国统计出版社,2015.

实施精准化监督管理。其次，农药化肥零增长行动计划正稳步推进。2015 年《到 2020 年化肥使用量零增长行动方案》和《到 2020 年农药使用量零增长行动方案》，对化肥、农药的减量化进行了详细安排。最后，将畜禽的养殖污染治理纳入正规的法律管理体系之中，地膜和秸秆的回收和资源化利用成为主要的处理方式。

现代农业正面临转型升级的迫切需求，国家在政策的制定和执行上重点关注农业生态环境的保护。2015 年，国务院办公厅发布的《关于加快转变农业发展方式的意见》，为我国未来农业改革指出了明确的方向。改革方向为从单一追求产量增长转向注重产出的质量效益并重，从主要依赖资源投入转为依托科技创新与提升农民职业技能，以及从以前的粗放式管理转变为注重可持续发展。这标志着我国农业农村工作总目标从过去的"保障农产品供给、增加农民收入"双目标转变为"保障农产品供给、增加农民收入和保持农业可持续性"的三目标。2015 年 3 月 18 日，国务院常务会议审议并通过的《全国农业可持续发展规划（2015 – 2030 年）》，对未来农业发展思路进行了根本性的重塑。与以往农业发展规划不同，该规划更加强调对资源和环境的保护和持续利用。

3. 阶段评价。在这一阶段，国家政策的发展趋势已经从着重解决某一具体领域的问题扩展到推动农村地区社会、经济及环境的全面和谐发展，致力于搭建一个持续发展的现代农业体系。我国的农业现代化目标不再仅仅追求产量的增加，而是向"高产、优质、高效、生态、安全"等多维度目标进阶。过去单一的污染源达标排放观念逐渐发生变化，取而代之的是"利用是最有效的污染治理措施"的观念，农业绿色发展的概念呼之欲出。

（三）2016 年至今：战略提升阶段，农业绿色发展引领乡村振兴

1. 阶段特征。在多项强农惠农政策的助力下，我国的农业生产总体能力持续提高，粮食生产水平迈上了新台阶。随着国家经济和社会文化的全面发展，农产品的供求关系出现了失衡，市场上对于绿色、健康的高品质的农产品的需求日益增加，但国内供应明显不足。与此同时，我国农业发展面临生产成本增加、产品价格的限制和资源环境约束等多重压力，农业"产能生态透支"问题日益严重。农业国际竞争力不足、国内外价格倒挂现象也引起全社会广泛关注。在压力的倒逼下，加快农业绿色发展转型已成为实现农业现

代化的内在要求，同时也是生态文明建设的重要内容。目前，我国农业正处在以绿色发展促进产业转型升级的新阶段，社会层面对于农业面源污染的治理已达成广泛共识，环保和农业部门与农民组织等已加强沟通与协调，共同推进农业污染的治理。虽然环保行动的不断加强显著改善了农村环境，但一些强制性的措施如禁种、禁养等仍旧引发了社会争议，因此，如何更好地平衡环保与农民的利益、使农民真正受益于环保成果，已成为当前亟须解决的问题。

2. 政策行动。党的十九大报告首次明确提出"绿水青山就是金山银山"的理念，推动了经济发展模式和整体发展观的转变。"两山"理论辩证分析了资源环境应被视为农业经济活动的重要投入要素。在这一阶段，政策关注重点逐渐转向推进农业农村绿色发展，我国农业绿色发展步入新阶段。

首先，农业绿色发展的政策顶层框架逐步确立。2016 年，中央一号文件首次明确提出"农业绿色发展"，并连续九年对其进行专门论述并提出具体要求。该阶段的政策涵盖了从理念建设到目标设置，再到行动细则的全方位推进。2017 年，中共中央办公厅和国务院办公厅发布了《关于创新体制机制推进农业绿色发展的意见》，这是我国第一个专门针对农业绿色发展的政策文件，特别强调把农业绿色发展纳入生态文明建设的重要位置，并详细阐述了目标和任务，提出了体制和机制创新的具体措施。2021 年，随着《"十四五"全国农业绿色发展规划》的发布，我国的农业绿色转型战略达到了一个新高度，该规划为未来五年内的农业发展设定了明确的任务和具体的实施策略。此外，政策的执行力度明显加强，从之前的化肥和农药使用零增长向负增长转变，关注点从单一的农产品生产扩展到全产业链绿色发展。

其次，实现横向政策体系细化和纵向区域治理相结合。《2017 年农业面源污染防治攻坚战重点工作安排》《关于实施农业绿色发展五大行动的通知》等文件，将绿色发展理念转化为具体的畜禽粪污资源化利用、果菜茶有机肥替代化肥、东北地区秸秆处理、农膜回收以及以长江为重点的水生生物保护等"农业绿色发展五大行动"。2019～2020 年，农业农村部连续发布农业农村绿色发展的工作要点，对化肥农药减量、农药管理、农用地膜污染防治、肥料包装废弃物回收处理和秸秆综合利用等政策进行细化并落实。2021 年，农业农村部明确了 15 项推进农业绿色发展的具体措施，并在区域性政策制定和执行上取得了显著成就。2023 年，为了全方位推进农业面源污染防治，农业农村部办公厅印发了《国家农业绿色发展先行区整建制全要素全链条推进农业面源污染综合防治实施方案》，推动农业领域的全面绿色转型，形成综合解决方案，以示范引领全国农业可持续发展。

再次，出台一系列农业绿色发展制度和保障措施。围绕《关于创新体制机制推进农业绿色发展的意见》和"农业绿色发展五大行动"，发布了涉及财政、项目支持政策的系列文件，推动金融支持农业绿色发展和机械化，促进农业绿色发展。2017 年，八部委决定启动第一批国家农业可持续发展试验示范区建设。截至 2023 年，已经完成了四批示范区的评估和确定工作。为了加强技术和社会参与在推动农业绿色发展中的角色，2018 年《农业绿色发展技术导则（2018 - 2030 年）》提出着力构建支撑农业绿色发展的技术体系，大力推动生态文明建设和农业绿色发展。农业部门不仅注重农业的技术提升，还在 2018 年展开了"农业质量年"的工作，旨在将质量提升的理念扩展到所有农业生产和经营活动中。2023 年农业农村部办公厅印发《农业绿色发展水平监测评价办法（试行）》评估各地农业绿色发展水平，引领农业全面绿色转型。

最后，农业全产业链绿色发展的推进机制持续完善。2020 年，国家发展改革委、司法部联合发布《关于加快建立绿色生产和消费法规政策体系的意见》，核心目的是形成一个覆盖由生产到消费各环节的全面绿色法规政策框架，解决现有激励机制和政策执行力度不够的问题，以此确保政策措施的有效实施。2021 年，国务院明确提出，为助力 2030 年前碳达峰、2060 年前碳中和，全面建立绿色低碳循环发展的经济体系，全方位、全过程优化生产、流通和消费环节。农业农村部积极推进现代农业全产业链标准化试点工作，实施农业生产"三品一标"提升行动，从生产端和市场端为农业绿色发展注入持续动力，并与财政部协同支持绿色种养循环农业试点工作。

3. 阶段评价。总体来看，此阶段政策制定经历了从宏观到微观的转变，先从整体上确立农业绿色发展的实施意见，然后策略转向了在关键领域和代表性区域实施具体措施，从而使政策体系更为完善，实施步骤更为有序。农业污染的治理已不再是孤立的政策行为，而是演变为一种推动资源综合使用并促进农业可持续发展的策略。农业农村环境保护的目标及措施不再限定于单一的领域或目标，而是逐渐融合、集成，成为综合性农业农村可持续发展战略的一部分。农业绿色发展已经成为推动乡村全面振兴的核心，同时也是实现乡村产业与生态双重振兴的关键路径。

二、我国农业绿色发展政策演进的内在逻辑及特征

（一）政策演变的内在逻辑：农业绿色发展迈向更高阶段的动态进程

农业绿色发展的终极目标是使绿色成为农业发展的基础，即实现农业投入，农产品生产、加工、流通、消费全过程的绿色化，以及制度和体制机制绿色化。现有政策演变与不同时期市场供求关系和主要社会矛盾的变化紧密相关。市场从早期的供需不足到供给过剩，再到对绿色产品的需求增长，公众对环保的意识逐渐增强，绿色农产品供应不足。农业绿色发展逐步实现从低阶向高阶的动态跃迁，最终趋向于污染治理内部化和绿色外部性内生化（见表2-2）。在酝酿探索阶段，面对日益突出的环境问题，强调农村在经济发展的同时要保护生态环境，但只是提出保护环境的宏观目标，而具体的实施策略并不详尽。在快速发展阶段，政策关注产地环境要素投入和生产过程清洁化，出台了一系列政策，如减少化学品投入、水资源高效利用和农业废弃物资源化处理等。各部门明确了实现产地绿色化的具体目标，要求控制水质、土壤、空气等环境要素质量在一定水平，例如制定化肥农药"零增长""负增长"等可量化指标，将农业绿色发展推向新水平，并以农产品质量为核心，拉近农业绿色发展与农户增收的关系。在战略提升阶段，农业绿色发展开始涵盖农产品生产、加工、流通和消费等多个环节，内涵扩展至全产业链。例如，实施"三品一标"提升行动和开展农业质量年等活动。政策关注点逐渐转向制度和体制机制绿色化，出台一系列保障措施，如金融支持、农机化促进农业绿色发展等，多维度、多主体推动农业绿色发展。此阶段的目标是通过一系列政策和措施，推动农业产业结构的根本转变，逐步实现绿色可持续发展，这些阶段反映了中国在推动农业绿色发展方面政策的逐步深化与完善，旨在构建环境更加友好的农业生产和管理体系，将农业发展推向更高阶形态的高质量发展。

表 2 - 2　　　　　　　　中国农业绿色发展政策演进逻辑

阶段划分	政策中心	跃迁路径
酝酿探索阶段	防止城市污染向农村扩散	生产清洁化
快速发展阶段	兼顾发展与治理	产地绿色化
战略提升阶段	全产业链绿色运行机制	绿色内生化

（二）政策演变的特征：按照"分散出台，体系化与具体化并行"的思路铺开

我国农业绿色发展政策演变呈现出阶段性的特点：在酝酿探索阶段提出了农业农村环境治理实现可持续发展的大方向目标，以防止城市污染向农村扩散；在快速发展阶段实施环境保护领域的各项治理行动，初步形成了阶段性的总体农业污染防治规划和纲领，并出台了针对性的绿色农业发展政策。2004～2011年，政策重点是加强对农业污染的治理，特别是在畜禽养殖、农业废弃物处理以及农药和化肥的使用等单个领域的治理。2012～2015年，政策方向转变为从单一问题的解决转向建立一个可持续的现代农业体制，集中解决主要环境问题，形成了更具体的行动框架。2015年成为农业环境政策行动最频繁的一年，主要包括实施化肥和农药使用零增长政策，将畜禽养殖污染纳入法治化管理并探索资源化利用，推动农村生活污染治理以及农用地膜和秸秆的回收利用。在前两个阶段，中央政府并未发布以农业绿色发展为主要内容的专项政策，相关内容分散在环境保护、农业面源污染治理以及农业标准化生产等政策文件中。2016年以后，农业绿色发展进入战略提升阶段，政策逐步转向促进资源的综合利用，推动农业绿色转型及乡村振兴，中央层面纷纷出台以农业和农村绿色发展为核心的政策措施，社会公众也对农业的绿色发展给予了广泛关注和积极响应。通过上述不同阶段的政策及其实施，可以看到中国在推动农业绿色发展方面的决心与进展，同时也反映了国家治理现代化在环境保护方面的逐步深化。

总的来说，农业绿色发展经历了内容丰富、规模扩大、层次加深、水平提升的多维度的演变过程。政策上，从最初的宏观笼统阶段逐渐转向更为详尽具体的制定。同时，农业绿色发展的模式也经历了变革，由原本政府单独主导的方式发展到由政府引导以及社会和市场共同参与和促进的多元化互动机制。

第二节 文献研究

绿色发展模式是根据生态环境和资源承载力来平衡经济社会进步需求与持续发展的新模式。它将"绿色"理念贯穿于生产与生活的各个阶段，目的是在推动经济增长的同时促进环境保护与人类的和谐共存。将绿色发展的理念应用于农业领域，赋予了农业发展新的内涵、理论和方法。通过梳理和分析国内外的文献资料，本书将农业绿色发展研究划分为农业绿色发展内涵研究、农业绿色发展影响因素研究、农业绿色发展评价体系研究、农业绿色发展模式研究、农业绿色发展实践和路径研究五个方面。

一、农业绿色发展内涵研究

国外学术领域对农业绿色发展的理论研究开始得相对较早。英国农学家霍华德（Howard，1935）率先提出"有机农业"的概念，随后这一模式得到广泛应用，并取得良好效果。美国绿色农业的先驱罗代尔（Rodale，1945）提出了"绿色农业"概念，主张利用创新技术改善传统农业方法以促进生态的自然循环。然而，绿色农业模式在早期由于科技限制和普遍的社会观念障碍而推广较慢。英国农学家沃星顿（M. Worthington，1981）强调绿色农业不仅要生态可持续，还应在经济、环境、伦理和审美方面得到社会的广泛认可。英国环境经济学家大卫·皮尔斯（David Pearce，1989）在《绿色经济蓝图》中指出，绿色发展是自然环境和人类自身能够承受的、不因人类盲目追求经济增长而导致生态危机和社会分裂、不因自然资源耗竭使经济不可持续发展的一种模式。伊克德（Ikerd，1993）认为绿色农业不仅能促进农产品数量的增加，还能保证其质量和安全。班黑吉和加布里埃拉（Bánhegyi and Gabriella，2015）认为推广绿色农业可有效提升农业生产的效率，从而保护生态环境。

绿色发展在我国一直拥有着良好的政策基础。1994 年，国家启动了可持续发展战略，并在 1998 年引入循环经济理念，使绿色发展逐渐成为国家经济建设的重要方向。2003 年，科学发展观强调以人为本，推动人与自然和谐共生，为绿色发展奠定了基础。党的十八大报告提出了包括生态文明在内的"五位一体"总体布局。《中共中央 国务院关于加快推进生态文明建设的意见》明确了"绿色化"的发展理念。党的十九大报告强调了"绿水青山"就是"金山银山"的观念。我国学术界对农业绿色发展的关注起源于 20 世纪 80 年代初。各学者对农业绿色发展内涵的研究如表 2-3 所示。从表 2-3 可以看出，我国有关"农业绿色发展"的研究大多侧重于"绿色"的阐述，对"发展"在农业绿色转型中的关键推动作用关注不够。

表 2-3　　　　　　　国内各学者对农业绿色发展的内涵研究

学者	年份	主要观点
叶谦吉	1982	生态农业是中国农业的一场绿色革命
严立冬	2003	绿色农业是以绿色技术为核心、以保护和节约环境资源为目标，实现可持续农业发展的模式
翁伯琦等	2013	农业绿色发展是践行发展新理念的具体行动、推动农业生态文明发展的抓手，实现三产融合的关键
陈锡文	2017	实现农业绿色发展既是农业自身发展的客观要求，也是一场从"量"到"质"的深刻变革。农业绿色发展是一种系统化的发展理论，主张转变农业发展方式，发展更安全、更环保的农业
魏琦	2018	农业绿色发展是一种农业资源节约与农村环境保护的发展方式
孙炜琳等	2019	农业绿色发展不仅关注农业生产方式的绿色化，还应关注农业资源保护、生态系统修复等方面的绿色化、生态化
尹昌斌	2021	从资源利用、环境友好、生态保育、增加绿色产品供给四个维度提出农业绿色发展目标，农业绿色发展涉及布局、资源利用、生产手段、产业、产品和消费六个方面的绿色化
陈芳芳	2022	突出强调"发展"的重要性，认为农业绿色发展是以农业为主体、以发展为核心、以绿色为方式的现代化农业发展模式

二、农业绿色发展影响因素研究

为了进一步推动农业绿色发展，国外学者对农业绿色发展的影响因素进行了探究，认为法律法规、农业技术、经济收入等对农业绿色发展产生影响。卢茨等（Luts et al.，1994）研究发现，法律法规等农业政策的调整会显著影响农户的农药施用行为。海特施密特等（Heitschmidt et al.，2004）在研究北美草原农业时从生态、经济和社会层面分析了其可持续性，得出技术进步是保证农业长期可持续的关键。辛格（Singh，2010）认为农业科技人才的质量与数量不足是现代农业绿色发展的制约因素，这在技术相对落后的发展中国家尤为突出。上松和米什拉（Uematsu and Mishra，2012）通过对农户在绿色生产前后的收入变化进行分析，得出经济因素是绿色农业发展的驱动力，呼吁通过经济激励来推广绿色生产方式。阿玛鲁扎曼（Amaruzaman，2017）等学者探讨了印度尼西亚农业绿色发展中的差距成因。法规和创新的支持者认为通过激励措施可以缩小差距；资金、技术和知识的资源提供者则认为，提升农业绿色发展的重要途径是建设农户的生产能力并提供资金、技术和知识；绿色经济和土地利用规划的支持者认为将环境价值纳入国内生产总值以及从环境税中提取资源有利于推动农业绿色化水平。坎桑加（Kansanga，2019）等学者分析了农业机械化对加纳北部农业种植规模和模式的影响发现，机械化在粮食安全、文化层面、社会生活组织和气候变化适应性方面产生了不利效应。

国内有许多学者深入研究了影响农业绿色发展的各种因素。龙文军等（2003）研究指出，农业保险可以针对性地为农业提供保障，有效增强农业的风险抗性，促进农业可持续发展。虎陈霞和傅伯杰（2005）强调，农业动态监测和尺度效应的强化是实现可持续农业发展的关键环节。严立冬（2009）认为，农业绿色发展代表着农业在社会发展中的高级阶段，而创新路径和技术更新是实现这一目标的关键所在。齐晓辉（2010）提出建立农业投资制度和技术推广网络以及农业需求诱导机制是实现可持续农业技术创新路径的关键。赫修贵（2014）认为，推动生态农业建设应从思想、战略、技术、服务、推广等多个层面共同发力。龚贤和罗仁杰（2018）从农业绿色发展效能、发展竞争力和发展潜力三个维度分析了西部地区农业绿色发展能力，发现自然禀赋、农业生产基础设施、机械化水平、财政支持以及科技支撑对推动农业绿色发展具有较大的影响。郭海红和张在旭（2019）研究发现新型城镇化与农业绿色全要素生产率之间存在以农村居民人均收入水平为门槛变量的单一门槛效应的非线性关系。金芳和金荣学（2020）研究发现农业产业结构是影响农业绿色生产率增长的关键因素。余亮（2021）研究显示，政策支持对农业绿色发展至关重要，政策激励在农业绿色发展中起着关键作用。

三、农业绿色发展评价体系研究

国外对农业绿色发展评价体系的探索体现在学术和实践两个层面。学术层面上，奥斯坎（Oskam，1991）较早地将环境污染纳入农业测算体系中，重点聚焦在空气污染、地下水降低和土壤污染等农业生产带来的不利影响。卡罗夫（Carof et al.，2013）从生态、经济、就业和社会参与四个维度构建了农业可持续发展的指标体系，强调了生态标准在其中的核心地位。拉达（Rada，2016）评估了印度绿色革命之后的农业表现，指出虽然农业绿色增长率已扩散到高价值农产品的地区，但农业革命的影响已逐渐减弱。坎特·大卫（Kanter David，2018）从农作物生产技术、社会环境、经济水平、农产品多样性、营养需求五个维度构建了可持续农业发展的评价框架。劳雷塔等（Lauretta et al.，2020）运用因子分析法探讨巴西农业的可持续发展，认为衡量农业可持续发展的因素主要是自然农业、创新技术及环境等，障碍因素主要为信息和知识的缺乏以及支持评价不足，评价可持续发展指标主要是社会环境效益和主观幸福感。具体实践上，美国环保署重视农业环境状况的多个方面，如作物生产力、土地生产力、灌溉水使用及其水质、农业化学品的运用以及土地利用情况。欧盟的关注点则包括人均耕地面积、土地使用变动、农业所用能源以及化肥和农药的应用。

农业绿色发展评价体系也是国内学者研究的重要焦点。学者们通过构建指标体系全方位评估农业的绿色发展水平，并分析不同地区之间的差异。其一，多数研究者综合考虑农业发展和环境因素，建立了多维度的评价指标体系。例如，魏琦等（2018）以资源节约、环境友好、生态保育和质量高效四个维度为基础，构建了包括14个二级指标的农业绿色发展指数，用以评估中国31个省级单位的农业绿色发展水平。周莉（2019）从乡村振兴视角出发构建了包括农业效能、生态节约、城乡融合三个层面的农业绿色发展评价指标体系，并对西藏的农业绿色发展进行了全面评价。其二，在测度方法上，研究者普遍采用熵权法求权重，对指标逐级加权合并，也有学者采用主观赋权法、组合赋权法、层次分析法等方法。例如，许烜等（2021）运用熵权法、层次分析法和TOPSIS法对湖南农业绿色发展水平进行了详细分析。其三，现有研究主要关注全国、省域、县域等行政区域层面以及三大经济带、黄河流域经济带、长江流域经济带、粮食主产区等特定功能区层面对农业绿色发展水平的比较。例如，在全国层面，赵会杰等（2019）运用熵值法评估了主要粮食种植省份的发展水平，并采用聚类分析法分析各省份间的差异，得出农业绿色发展存在显著的空间非均衡性。在省级层面，周霞等（2021）利用泰尔指数对山东省农业绿色发展水平进行区域差异分析。特定功能区层面，曹玲娟（2024）的研究结果显示，各省市农业绿色全要素生产率均值为正，说明长江经济带地区整体上正在从高碳农业向低碳农业转型。

四、农业绿色发展模式研究

国外关于农业绿色发展模式的探索较早且自成体系。美国的农业绿色发展强调合理和循环利用各类农业资源，在农业区域专业化分工的基础上突出减量化和再利用原则，同时完善农业法律体系，加大农业投资力度，不断优化农业支持体系。此外，美国还将农民收入与环境质量挂钩，实施"绿色补贴"和"农业技术补贴"政策，激发农民保护农业生态环境和提升农业技能的积极性。欧盟则根据各成员国的具体情况，制定支持性政策和补偿机制，例如设立农业补偿基金，专门针对农业敏感区和环保区提供资金支持，从而减轻农业活动对环境的负面影响。欧盟还通过征收农业生态保护税增强农业经营者的环保意识，并通过产品标识制度推广自然保护区和生态功能区的产品。其中，德国政府成立了一个涵盖多个农业领域的"综合农业促进联合会"，制定了一系列严格的绿色标准，确保从生产到销售的每一个环节都符合环保要求。日本作为资源有限的国家，注重提高农业生产效率，并将观光型农业作为推动绿色发展的一种方式，日本政府通过提供相应的政策支持、贷款以及税收优惠以鼓励"稻作—畜产—水产"和"畜禽—稻作—沼气"等环境友好型农业模式，努力实现农业可持续发展。

我国在农业绿色发展模式方面的研究和探索成果丰硕。张学会等（2008）将农业绿色发展划分为农业产业内部、跨农业产业、区域农业产业等三种绿色模式。车宗贤等（2011）根据河西走廊绿洲灌区生态环境资源的综合特征，提出发展资源循环利用、种养结合、清洁生产的绿色农业发展模式。武情等（2017）基于内源式发展理念提出了农业生产基地规模化、农业产业链特色化、农业生产全程标准化和绿色农业品牌化的农业绿色发展模式。罗娟等（2020）概括了五种农业绿色发展模式，包括全域农业绿色发展模式、都市现代绿色农业发展模式、生态循环农业发展模式、旱作节水农业发展模式、生态畜牧业发展模式。郭旭冉等（2022）根据安徽省内各区域的自然优势提出构建特色立体种植养殖模式、农业资源循环与综合利用模式、现代特色生态庄园模式和绿色休闲观光模式等四种模式，强调因地制宜、综合协调治理，实现经济效益、生态效益、社会效益及文化效益的统一。杜名扬等（2023）在"绿色低碳农业产业链"概念基础上根据产业链的循环环节和辐射范围将低碳循环模式划分为生态农业种养循环模式、农业废弃物利用循环模式、农业产业链延伸低碳循环模式、拓展农业多种功能低碳循环模式等四种类型。综合来看，我国农业绿色发展的实践可概括为几种主要模式：首先是由政府引导的宏观绿色发展模式，其次是以示范园区为核心的区域发展模式，最后是由企业推动的微观模式以及基于家庭单元的"绿色小岛"模式，这些模式各有侧重，共同推动了我国农业向绿色可持续方向发展。

五、农业绿色发展的实践路径研究

国外学者在农业绿色发展的实践路径方面开展了深入的研究和实践。亨尼西（Hennessy，1996）从供应链各环节入手探求治理路径，如在生产环节组建合作经济组织实现源头控制、在加工环节引入质量安全管理体系、改善消费者对农产品质量安全的认知和支付意愿等。穆斯蒂埃等（Moustier et al.，2010）强调了农民专业合作社在联合小规模农户、促进安全生产中的作用，为农业的环境友好型发展提供了机制支持。雅凯（Jacquet，2011）认为通过税收优惠，财政补助等政策可以有效激励农户采用安全的化肥和农药施用行为。考尔（Kaur，2014）指出印度政府应通过改良作物种植模式、加强风险管理和改进土地管理等方式应对气候变化，推动农业可持续发展。亚达夫（Yadav，2018）发现农业生产活动会通过化学反应而排放出多种温室气体，并设计出了智能自然农业，从作物和种植模式、杂草和农作物残留物管理、精确种植、绿色灌溉、零排放等方面提出了相应的建议。克莱和齐默尔（Clay and Zimmerer，2020）在充分考察非洲卢旺达农业绿色发展水平的基础上建议采取可持续集约化和发展气候智能农业来应对环境挑战。卡尔松和霍夫斯鲁德（Karlsson and Hovelsrud，2021）认为农业绿色发展包含利用创新技术解决农业环境问题和充分利用当地可持续资源，其不仅关注气候变化和温室气体减排，而且其主张中包含更广泛的环境可持续性问题。

在农业绿色发展的实践路径方面，国内的专家学者们从多个角度进行了探讨。一是通过研究区域农业绿色发展过程中存在的问题提出相应的政策措施，二是通过评估研究区域农业绿色发展的总体水平提出相应的发展对策，三是通过探索影响研究区域农业绿色发展的关键因素提出相应的优化对策（见表2-4）。

表2-4　　　　　　　　国内学者对农业绿色发展的实践路径研究

研究角度	学者	年份	观点
通过研究区域农业绿色发展过程中存在的问题提出相应的政策措施	于法稳	2018	针对我国农业现代化发展的现状，强调在发展理念和资源保护等方面实现农业绿色转型
	金书秦等	2019	科技创新是解决农业绿色发展难题的关键，指出未来农业要实现高质量可持续增长，科技创新是核心动力
	巴宥雅	2022	我国农业绿色发展面临资源分布不均、内在激励不足和农产品质量问题，从体系建设、制度构建和技术创新等方面提出了发展建议
通过评估研究区域农业绿色发展的总体水平提出相应的发展对策	沈国际	2021	评估我国农业绿色生产的效率水平、变化轨迹与演变趋势，分析省域间农业绿色全要素生产率差异和空间收敛性，将绿色农业发展理论与发展实践相结合，提出了科学合理的政策制度体系
	李欠男等	2022	从全要素生产率视角在对我国农业绿色发展水平进行全面了解的基础上强调未来应重视绿色农业的建设与发展，重点提升农业绿色全要素生产率
通过探索影响研究区域农业绿色发展的关键因素提出相应的优化对策	黄炎忠等	2017	采用计量经济法研究了中国农业绿色化生产的驱动因素，提倡通过实施差异化调控政策和优化产业布局等措施提高农业绿色生产水平
	王安源和马溶	2020	运用计量经济模型对安徽农业绿色发展的影响因素进行研究，主张通过扩大人均耕地面积、促进城镇化发展等推动农业绿色化生产
	陈芳芳	2022	从科技创新、产业转型和政策引导等方面分析了推动农业绿色发展的核心要素，并建议加强政策引导和加大农业科技创新支持力度

六、文献研究评述

通过对国内外文献的梳理可以看出，美国、英国和日本在农业绿色发展方面起步较早，并已基本形成适合本国的各种实践模式。我国于 2003 年正式引入农业绿色发展的概念，发展起步相对较晚，目前仍处于研究探索阶段。近年来，众多国内专家学者基于实际情况对农业绿色发展从理念到实践策略进行了广泛研究。在农业绿色发展内涵方面，国内学者随着研究的深入持续加深对农业绿色发展概念的认识和理解。在农业绿色发展影响因素方面，学者通过研究发现农业保险、科技水平水平、监测手段、政策支持等方面对农业绿色发展具有重大影响。在农业绿色发展相关评价指标体系方面，大多数学者集中于农业的可持续发展，运用层次分析法等多种方法构建起一系列农业绿色发展指标体系。在农业绿色发展模式方面，国内学者在理论研究的基础上对中国个别地区的绿色农业发展进行了详细的案例研究，形成了符合中国国情的独特发展模式。在农业绿色发展实践路径方面，国内研究者对农业资源的浪费、农业环境污染及农产品的质量安全等问题表现出较高的关注度，并据此提出了一系列政策建议，旨在推动农业可持续发展。

国内关于农业绿色发展研究已经取得了重要进展，为进一步的研究工作提供了坚实的基础。然而，梳理已有研究成果发现还有以下几个方面值得探讨和完善。

第一，对农业绿色发展的理论研究不够深入。由于世界发达国家先于我国完成农业现代化进程，因此，我国农业绿色发展基础和发展水平与其存在较大差异。特别是东西方农业绿色发展政策以及思维方式的不同导致人们对农业绿色发展的内涵和认识存在很大的区别。此外，国外对农业绿色发展的理论研究较为深入，而国内对农业绿色发展的研究更倾向于对实际区域问题的解决，对农业绿色发展的理论探索重视不足，因此，对农业绿色发展的理论研究有待加强。

第二，对农业绿色发展的内在机理分析不够完善。目前已有诸多学者从社会学、政治学和经济学等视角对农业绿色发展的渊源和内涵展进行了有益探索，但对农业绿色发展内在机理的研究还不够成熟。我国正处于农业转型的关键时期，农业生态环境问题、不合理的农业产业配置过程和结果对农业绿色发展约束机制复杂多变。因此,借鉴经济地理学、生态经济学和产业生态学等学科相关研究方法,从行为主体角度出发研究农业绿色发展的内在作用机理是农业绿色发展研究的重要方向。

第三,对农业绿色发展的模式研究不够全面。农业绿色发展的相关案例收集存在一定困难,导致针对我国多样化区域的农业绿色化模式探索相对缺乏。因此,亟须深入分析农业绿色发展的成功案例以探寻建适应国内农业发展需求的绿色模式,目前来看,学术研究多集中在特定区域的绿色农业模式,对我国不同区域下所适用的不同的农业绿色发展模式研究不足。

总体来看,虽然农业绿色发展的研究已取得诸多成果,但目前尚未形成完整的理论体系。国外研究偏重探讨生态保护和经济进展对农业绿色发展的作用,而国内研究则主要聚焦于生态安全、效率提升和社会和谐三个方面。尽管国内外在研究侧重点上存在差异,但共同目标都是在生态与经济协调发展的框架下采用"全面、循环、持续、利用"的原则,最大限度地利用区域资源,融合现代与传统技术,发展适应当地条件的现代农业,以实现农业生产的高效性和农村经济的全面发展。长期以来,农业领域普遍存在过分强调产量和经济价值,而忽略质量与生态价值的情况,因此,发展思维的转变至关重要。我国与发达国家相比,在农业绿色发展上还存在不小差距,尤其是在农业绿色生产技术和支持政策上明显落后,因此,需要加强农业绿色发展的顶层设计,加大对农业绿色发展的政策支持和生产技术运用,以推动我国农业向绿色、高效发展迈进。

第三章

农业绿色发展的相关
概述及理论基础

第一节 农业绿色发展的相关概述

一、绿色发展的内涵

绿色在光谱中介于黄色和青色之间，在自然界中十分常见，象征着清新、生机与自然，因此常常与环保和健康等概念联系在一起，成为生态和环境治理的象征。绿色发展提倡采取以生态保护为前提的发展策略，在经济发展的同时保障生态和环境的可持续性。面对资源日益紧张和环境问题的加剧，以党的十八届五中全会提出了绿色发展理念，将其与创新、协调、开放、共享一同作为未来发展必须遵循的新理念。绿色发展已成为解决环境问题的基本策略，积极响应了全球环境保护的呼声。

绿色发展为平衡经济发展与生态保护提供了新的思路，成为协调人与自然关系的重要手段。绿色发展以实现人类与自然的和谐相处为目标、以绿色科技作为支撑，倡导资源节约和环境保护，并通过促进循环经济、倡导绿色消费习惯和改变传统的经济增长方式来解决经济发展与生态环境保护之间的矛盾。作为一种新的经济发展模式，绿色发展同时兼顾经济利益和生态利益，强调在保护生态中发展经济、在发展经济中保护生态，同时释放生态环境所蕴含的经济效益，实现"绿水青山"向"金山银山"的转变，彰显出良好的生态环境就是优质的经济效益。

绿色发展是构建生态文明的核心内容，其旨在平衡人类活动与自然生态之间的关系、协调经济增长与环境保护的目标。绿色发展不仅是解决我国环境保护经济发展问题的有效路径，也是确保经济持续发展的关键选择。

二、农业绿色发展的概念及目标

（一）农业绿色发展的概念

习近平总书记提出"山水林田湖草是一个生命共同体，人的命脉在田，田的命脉在水，水的命脉在山，山的命脉在土，土的命脉在树"。[①] 这一理念强调了农业发展应遵循自然法则，并且注重生态、环境和文化的多重功能，以实现农业全链条的绿色转型。在促进农业绿色发展方面，不仅包括在宏观层面上推广绿色农业、生态农业、有机农业、低碳农业和可持续农业等模式，同时也涵盖微观层面的农户低碳环保行为、生产者节能减排技术的应用以及消费者对绿色产品的选择，从而形成从生产到销售再到消费的绿色发展闭环。

关于农业绿色发展的内涵，学者们有不同的见解（见表3-1）。《农业绿色发展技术导则（2018—2030年）》从绿色研发、生产技术、产后增值、种养模式、标准体系等方面对绿色农业的全过程进行了全面规划。由此可见，农业绿色发展核心是在整个生产链中加入绿色元素，通过利用现代生物技术、推广绿色生产方式以及采纳新兴的种养模式使农业生产更加安全、资源利用更加高效，同时实现生态和环境保护的动态平衡。

表3-1　　　　　　部分学者对农业绿色发展内涵的主要观点

学者	年份	主要观点
罗必良	2017	农业绿色转型发展，强调农业生产从满足数量需求转向高质量发展
王宝义	2018	将农业绿色发展视为农业生态化，旨在提高农业的生态效率
于法稳	2018	农业绿色发展的核心在于水土资源保护
涂正革、甘天琦	2019	农业绿色发展主要体现在农业面源污染减少和生产效率提高两个方面

① 任暟. 生命共同体：中国环境伦理的新理念［N］. 光明日报，2017-01-16（011）.

续表

学者	年份	主要观点
沈国际	2021	农业绿色发展的关键是强化农业环境保护和治理，增加绿色高品质农产品的供应，构建出高效、安全、节约资源且环境友好的现代农业模式
卓娜、柴智慧	2023	农业绿色发展更加注重过程的绿色化，强调的是价值导向、思想观念、消费习惯等的转变

农业绿色发展不仅是农业产业链各个环节的绿色实践，还包括了多元化的农业发展类型。在这个过程中，各个行为主体秉持着绿色、低碳、环保的原则，致力于实现农业的高质量发展，以满足人民群众对美好生活的期盼。通过绿色技术的应用、节能减排的努力以及消费者绿色消费行为的推广，构建起一个充满活力、生态友好的农业体系，为我国的可持续发展奠定坚实基础。

（二）农业绿色发展的目标

1. 增加优质农产品供给。改革开放以来，人民的社会福利水平和幸福指数随着我国物质生活水平的大幅度提升而水涨船高。据联合国开发计划署公布的人类发展指数（HDI），我国人类发展指数从 2000 年的 0.591 提升至 2022 年的 0.788（见图 3 - 1），由 2000 年的 108 位上升至 2022 年的 75 位，从中等人类发展水平（0.55≤HDI＜0.7）跨入高人类发展水平，已接近极高人类发展指数（HDI≥0.8）。我国的人类发展水平取得如此成就，农业绿色发展功不可没。健康是衡量 HDI 的第一个维度，以预期寿命为衡量标准。安

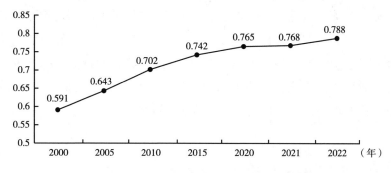

图 3 - 1　2000～2022 年我国人类发展指数

资料来源：《2021/2022 年人类发展报告》。

全、健康的食品，尤其是优质农产品的生产是实现这一维度的重要途径。农业作为我国的根基产业，是人们日常生活中不可或缺的一部分，农产品的质量和安全直接影响着民众的健康与福祉。因此，增加优质农产品的生产与供应是农业绿色发展的首要目标。

2. 优化农业农村生态环境。党的二十大报告强调，我国已迈入中国特色社会主义新时代，社会主要矛盾已转变为人民日益增长的美好生活需要和不平衡不充分的发展之间的矛盾。这一矛盾在农村发展中表现得尤为明显。目前农村生态环境、人居环境与人民群众所向往的美丽乡村仍然差距甚远。良好生态环境是农村最大优势和宝贵财富，全面推进乡村生态振兴要树立绿水青山就是金山银山的理念，以农业绿色发展为引领，尊重、顺应和保护自然，加快转变生产方式和生活方式，统筹"山水林田湖草沙"系统的治理，建设生活环境整洁优美、生态系统绿色健康、人与自然和谐共生的生态宜居的美丽乡村。在农业生产上，要深入理解和把握人与自然和谐共生的生态观念，正确处理农业发展与生态环境保护的关系，自觉地将尊重自然、顺应自然、保护自然的原则贯穿到农业发展全过程。在生活上，着力解决农村人居环境脏乱差等突出环境问题，提供更多优质生态产品，满足人民对美好生态环境的需求。在制度上，要严格执行制度和法治，保护生态环境，实施最严格的水资源管理和耕地保护制度，为子孙后代留下良田沃土、碧水蓝天。

3. 高效利用农业资源。自然环境和外部资源是影响农业生产的重要因素，要以农业科技创新保护自然环境，促进农业生产力水平的提升，以实现农业资源的高效利用。《中国农业绿色发展报告2023》显示，2022年我国水稻、小麦、玉米三大粮食作物化肥利用率达到41.3%，农药利用率达到41.8%，农田灌溉水有效利用系数达到0.572，虽然呈现向好趋势，但仍然低于欧美发达国家的平均水平。[①] 农业绿色发展旨在通过提升科技投入和增强人力资源配置，优化农业的生态效率和生产力，实现农业生产从高投入、高能耗、高排放向低投入、低能耗、低排放的转变。

---

① 李丽颖. 我国农业绿色发展水平稳步提升 [N]. 农民日报，2024 – 09 – 03 (007).

三、农业绿色发展理念的生成逻辑

农业绿色发展理念源于马克思主义农业生态思想，汲取了中华优秀农耕文化的生态智慧，凝练于中国共产党农业生态文明建设的实践经验，立足于新时代我国国情农情的新态势。这一理念具有深刻的理论根基和现实基础（见图3－2）。

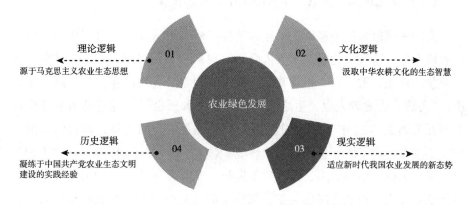

图3－2　中国农业绿色发展理念的生成逻辑

（一）理论逻辑：源于马克思主义农业生态思想

马克思主义强调，经济的再生产过程，不管它的特殊的社会性质如何，在这个部门（农业）内，总是同一个自然的再生产过程交织在一起。[①] 这意味着人类在农业发展中应在经济规律和自然规律之间寻求平衡，避免盲目追求经济利益而破坏生态环境。马克思、恩格斯从历史唯物主义视角分析人与土地的关系，揭示了资本主义农业发展中的固有矛盾。为了追求利润，资本主义农业采用掠夺式耕作方法，导致土地肥力衰竭。合理的农业所需要的是"联合起来的生产者的控制"，马克思和恩格斯主张合理利用土地资源，实现人与自然的和谐共生。

在马克思主义农业生态思想的基础上，农业绿色发展理念应运而生。这一理念强调保护农业生态系统，实现经济、社会和生态的可持续发展。通过

---

① 马克思. 资本论：第2卷［M］. 北京：人民出版社，2004.

农业科学技术助力，人们不仅能将对农业至关重要的"消费排泄物"有效循环利用，保持土壤营养元素的流动，还可以通过改变土壤性质，使自然生态成为农业生产的关注焦点和活动边界。人类肩负起"优秀家长"的责任，不断将改良后的土地传递给未来的子孙后代，确保土地这一珍贵资源能够永续利用，从而维护农业生态系统的生态平衡，实现人与自然的和谐共生。马克思主义的农业生态思想为我国农业绿色发展实践提供了有力指导。

（二）文化逻辑：汲取中华农耕文化的生态智慧

我国古代以农业为基础，历经数千年的耕作和养殖，孕育了深厚且悠久的农耕文化。这种文化凝聚了天人合一、自然资源循环利用和御欲节用等生态智慧。首先，天人合一是农耕文化的重要理念。《吕氏春秋·审时》中指出："夫稼，为之者人也，生之者地也，养之者天也。"① 这意味着农业生产离不开天地人"三才"的共同作用。人是农业生产的主体，而自然界的气候、土壤等构成了农业生产的自然环境。《淮南子·主术训》强调："上因天时，下尽地财，中用人力，是以群生遂长，五谷蕃殖。"② 这表明人们应最大限度地协调人与自然之间的关系，顺应天时，充分考虑气候和环境对农作物生长发育的影响，以实现农业的高产和丰收。其次，农耕文化倡导自然资源的循环利用。传统农业采用休耕轮作制度让土地得到休养生息，保持"地力常新壮"。传统农耕文化中还强调道法自然、种养循环。例如，"桑基鱼塘"这一生态农业模式在我国已有上千年的历史，这是一种"基种桑、塘养鱼、桑叶饲蚕，蚕屎饲鱼、两利俱全，十倍禾稼"的生产格局和水陆相互促进的生态系统。最后，农耕文化主张御欲节用，合理利用资源。《孟子·梁惠王上》中提到："不违农时，谷不可胜食也；数罟不入洿池，鱼鳖不可胜食也；斧斤以时入山林，材木不可胜用也。"③ 这展示了先民们遵循"取之有时，用之有节"的"爱物"原则。《说苑·指武》中记载，周文王在攻打崇国时出台"伐崇令"规定："毋坏屋，毋填井，毋伐树木，毋动六畜，有不如令者，死无赦。"④ 这被认为是迄今为止世界上最早的保护自然资源的法令。自此以

---

① 吕不韦．吕氏春秋［M］．哈尔滨：北方文艺出版社，2013.
② 刘安．淮南子［M］．北京：中华书局，2022.
③ 孟子．孟子［M］．北京：中华书局，2010.
④ 刘向．说苑［M］．北京：中华书局，2019.

后，我国各个朝代都对生态环境保护的制度和法规进行了完善，并设立了专门的环境保护管理机构，即虞衡制度。

农耕文化作为中华文化的重要组成部分，在我国具有悠久的历史，是我国农业的宝贵财富。农业绿色发展在传承古老农耕文化精髓的基础上，创新性地走向生态友好型农业发展道路。

（三）历史逻辑：凝练于中国共产党农业生态文明建设的实践经验

中国共产党一直致力于将马克思和恩格斯关于农业的理论与中国具体的农业情况相结合，以推动生态文明的构建。毛泽东同志把植树造林放在农、林、牧循环的大生态系统中，指出"农、林、牧三者相互依赖，缺一不可，要把三者放在同等地位"。为了确保农业生态平衡，他还提出了"三三制"耕作方法，主张将耕地三等分，分别用于种植农作物，草类和树木，以实现农业的可持续发展。[1] 同时，毛泽东同志还高度重视农业科学技术发展，先后提出"土、肥、水、种、密、保、管、工"农业八字宪法以及加快推广农业机械化，让农业生产由"看天吃饭"逐步转向科学生产。[2] 邓小平同志提出农业现代化视为实现全面现代化的根基，并强调在农业生产中应注重资源利用效率和环境保护。他主张依靠科学技术推动农业生态文明建设，指出"将来农业问题的出路，最终要由生物工程来解决，要靠尖端技术"。[3] 在改革开放进程中，针对耕地破坏、水资源短缺和劳动力减少等挑战，江泽民同志分析了经济、人口和资源的关系，并在全国第四次环境保护会议上指出，"经济发展必须与人口、资源环境统筹考虑，不仅要安排好当前发展，还要为子孙后代着想，为未来的发展创造更良好的条件，决不能走浪费资源和先污染后治理的路子，更不能吃祖宗饭断子孙路"。[4] 进入 21 世纪，胡锦涛同志为从人与自然的根源性关系出发，明确提出"保护自然就是保护人类，建设自然就是造福人类"的科学论断，强调了农业发展与生态保护的密切关

---

① 曹前发. 毛泽东生态观 [M]. 北京：人民出版社，2013.
② 李萌萌. 毛泽东与新中国农业机械化事业 [N]. 学习时报，2020 - 09 - 25（A5）.
③ 邓小平文选：第 3 卷 [M]. 北京：人民出版社，1993.
④ 赵曼. 中国共产党生态文明建设思想的历史逻辑 [J]. 人民论坛，2016（36）：45 - 47.

系，持续推动农业生态文明建设。[①]

党的十八大以来，习近平总书记将生态文明建设置于重要位置，并倡导"要像保护眼睛一样保护生态环境"。他强调"生态环境保护是功在当代、利在千秋的事业"，"生态兴则文明兴，生态衰则文明衰"，要"用最严格制度最严密法治保护生态环境"。[②] 习近平总书记还提出了"绿色GDP"概念以及"绿水青山就是金山银山""破坏生态环境就是破坏生产力，保护生态环境就是保护生产力，改善生态环境就是发展生产力"等论断。[③] 环境生产力论断确立了环境在生产力构成中的基础地位，丰富和发展了马克思主义生产力思想。因此，农业绿色发展理念是对党近百年来农业生态文明建设成功经验的凝练和创新。

（四）现实逻辑：适应新时代我国农业发展的新态势

中华人民共和国成立70多年来，我国农业取得了显著的进展，实现了以世界9%的耕地和6%的淡水资源养活全球近20%人口的伟大奇迹。然而，在这辉煌的成就背后，我国农业领域也暴露出两个主要问题：一是农业生态问题逐渐凸显，农业可持续发展面临严峻挑战。我国的农业资源环境压力不断加大，土地、水资源和环境的承载力接近其极限。《2019年全国耕地质量等级情况公报》数据显示，我国耕地质量平均等级仅为4.76，其中，优质耕地不足总面积的1/3。土壤污染也较为严重，耕地污染率高达19.4%。[④] 水土流失、地下水超采、土壤退化和面源污染等严重制约了农业的可持续发展。二是绿色优质农产品供应短缺，农业结构性矛盾凸显。随着经济的发展和居民生活水平的提高，人们对食品的要求从单纯的"吃得饱"转变为"吃得好、吃得健康"。社会对绿色优质农产品的需求急剧增加，但供应不足的问题显现，我国农业的主要矛盾由总量不足转变为结构性矛盾。因此，调整农业结构、增加绿色优质农产品的供应成为了我国农业发展的重点任务，这也

---

① 坚持以人为本全面协调的科学发展观——胡锦涛在中央人口资源环境工作座谈会上讲话（摘要）[J]. 国土经济，2004（4）：1.

② 习近平谈生态文明10大金句[N]. 人民日报海外版，2018–05–23（005）.

③ 习近平生态文明思想学习纲要[M]. 北京：人民出版社，2022.

④ 农业农村部. 2019年全国耕地质量等级情况公报[EB/OL].（2020–05–06）[2024–10–15］. http://www.moa.gov.cn/nybgb/2020/202004/202005/t20200506_6343095.htm.

是农业绿色发展理念对新时代我国国情和农情的积极回应。

四、农业绿色发展的价值意蕴

（一）农业绿色发展的生态振兴价值

生态兴，则产业兴，实施乡村振兴战略，生态宜居是关键。农业绿色发展下的人与自然和谐共生则是生态宜居乡村建设的前提。近年来，我国高度重视农业绿色发展。自2016年中央一号文件提出"加强资源保护和生态修复，推动农业绿色发展"以来，国家陆续发布了一系列关于生态文明建设和支持农业绿色发展的政策文件，推动农业绿色发展体制机制日臻完善。无论是《关于创新体制机制推进农业绿色发展的意见》《中共中央　国务院关于实施乡村振兴战略的意见》，还是"以绿色发展引领乡村振兴""创建农业绿色发展先行区"，都凸显了农业绿色发展在国家和乡村振兴战略实施过程中的重要地位。

长期以来，过于粗放的传统经济增长方式导致农业资源约束加剧、农业生态环境受损和生态系统结构失衡。土壤、空气和水污染等农业面源污染问题使目前的农村远远未能达到人们对于美丽乡村的期待，无法满足人们对优质生态环境和更高生活品质的追求。农业绿色发展是一种以绿色理念为指导，依托自然环境，从绿色生产、绿色保护以及完善治理体系等方面推动农业可持续发展的新模式。这种模式不仅着眼于提高农产品的产量，还更加重视减少农业活动对环境和自然资源的负面影响。农业生产在本质上是人类与自然间的相互作用和能量交换，这种互动使得人与自然之间的关系变得尤为重要。良好的自然生态环境为农业持续生产提供动力、保障农业质量，同时，绿色农业生产也能使自然生态保持生机与活力。以人与自然和谐共生为价值导向的农业绿色发展，运用先进农业绿色科技，既能确保农业产量，又能绿色回馈自然，实现产业振兴与生态振兴的协同推进。

（二）农业绿色发展的社会稳定价值

农业绿色发展除了保障粮食和基础性的农副产品安全供给外，还承载着农村劳动力的就业。因此，农业绿色发展具有促进国家和社会稳定发展的价值。

粮食稳则天下安，粮食安全对于国家的稳定与发展极为关键，是国家治理的重中之重。保障粮食自给自足不但可以确保总产量能满足人口需求，还涉及粮的质量安全。在经济持续增长和人民生活水平提升的今天，公众对优质农产品的需求不断增长，农产品质量日益受到关注。在传统农业生产模式下，农业产出效益较低，粮食产品种类受时空限制，供应量不足。为了提高农产品产量，农民频繁使用化学肥料和农药，导致农产品品质不佳，绿色性和安全性受到质疑。因此，推动农业向绿色发展转型成了一个重要议题。农业绿色发展注重生产方式的绿色化，提倡合理施用化肥和农药，推广使用生物技术来防治作物疾病和害虫，确保农产品生产安全。同时，通过制定严格的农产品达标标准，强化农产品质量与安全监管，保障农产品加工安全。农业绿色在实现粮食稳产高产的同时还根据人民群众对健康绿色农产品的需求，增加更绿色、品质更优的农产品供应。

农业作为中国经济的重要组成部分，对促进社会稳定、增加就业和应对国内外复杂局势等方面都起着至关重要的作用，根据国家统计局的数据，2023 年我国第一产业就业人口为 16 882 万人，总就业人口为 74 041 万人，农业作为仅占 GDP7.1% 的产业，承载了 22.8% 的劳动力人口的就业。[①] 尽管随着经济和就业结构的转型，农业劳动力比例逐渐下降，但在当前国际形势复杂多变的情况下，农业为我国经济社会发展提供了更大的弹性。不仅稳定了国内的社会经济状况，还增强了国家应对各种风险挑战的能力，保障了社会的整体稳定。此外，鉴于中国独特的国情和农业现状，我国不能简单模仿西方国家的城市化和现代化农场模式，大多数农民不可能全部转移到城市，因此，农业和农村地区仍将是吸纳农村劳动力的主要领域。

（三）农业绿色发展的共同富裕价值

粗放型农业经济发展模式不仅引发了严重的生态问题，还带来了备受关注的社会问题。据国家统计局的数据，我国 2023 年 GDP 总量达到 1 260 582 亿元，比 2022 年增长 5.2%。人均 GDP 达到 89 358 元，按照年平均汇率折

---

① 中华人民共和国国家统计局. 中国统计年鉴 2024 ［M］. 北京：中国统计出版社，2024.

算，已达到 12 681 美元。① 依据世界银行 2023 年重新设定的高收入国家标准，即人均 GDP 14 005 美元的门槛，我国正逐步向高收入国家靠近。然而，高收入并非全民普遍现象，反而呈现出较大的两极分化，尤其是城乡之间的居民收入差异较大。2023 年我国人均可支配收入 39 218 元，较 2022 年增长 6.1%，其中，城镇居民人均可支配收入 51 821 元，而农村居民人均可支配收入 21 691 元。② 农业绿色发展有助于缩小城乡收入差距，实现全体人民共同富裕的伟大愿景。

共同富裕涵盖了全社会财富的普遍增长与贫富差异的逐渐缩小。农业绿色发展强调绿色即是生产力，发展绿色经济就是解放和发展生产力。农业绿色发展秉持无产阶级思想，旨在通过提高生产力来消弭社会阶级的不平等，向共同富裕的目标迈进。乡村拥有丰富的自然资源，因此具备丰富的生产力，有望促进社会财富不断扩大。然而，有条件并不意味着必然。新分工经济学综合比较优势理论指出，除了利用外生禀赋的自然资源外，更要通过分工的绿色演进，内生出绿色技术，才能避免陷入资源陷阱，将丰富的自然资源高质量地转化为绿色产品或绿色资本。随着农业绿色产业的发展壮大，农民的收入渠道更加多元化，生活水平显著提高，逐步缩小了城乡之间的收入差距，有助于实现更广泛的社会共同富裕。

第二节　农业绿色发展的理论基础

一、可持续发展理论

1798 年，托马斯·罗伯特·马尔萨斯（Thomas Robert Malthus）的《人口原理》首次提出了关于资源利用和人口增长的可持续发展思想，详尽地探讨了资源与人口之间的相互作用，强调两者协同发展的社会意义。1962 年，继蕾切尔·卡逊（Rachel Carson）的《寂静的春天》和 1972 年德内拉·梅多斯（Donella Meadows）的《增长的极限》两本著作出版之后，环境议题开始受到全球关注。1987 年的研究报告《我们共同的未来》中首次详细介绍了绿

---

①② 中华人民共和国国家统计局. 中国统计年鉴 2024 ［M］. 北京：中国统计出版社，2024.

色发展的理念，该理念在 1992 年的里约热内卢环境与发展大会上得到了国际社会的广泛认可。2000 年 9 月联合国首脑会议签署了《联合国千年宣言》，会议确立的"联合国千年发展目标"成为众多国家和地区政策议程的核心。2012 年 6 月，在巴西里约热内卢举行的联合国持续发展大会首脑会议集中讨论了在消除贫困的背景下的绿色经济以及新的可持续发展策略。联合国可持续发展峰会通过了 17 个持续发展目标，旨在到 2030 年彻底解决社会、经济和环境三个维度的发展问题，转向可持续发展道路。2020 年 7 月，联合国发布的《2020 年可持续发展目标》提出继续推进 17 项可持续发展目标。随着人类对人地环境关系的深刻认识，可持续发展思想在短短几十年中从提出到全球认同，从理念倡导到具体行动，可持续发展思想掀起环境治理研究新浪潮。

可持续发展理论的核心在于发展。这种新的发展观是针对传统发展模式的弊端而提出的，旨在促进人类社会更好的发展，而非限制发展。经济发展是一切社会实践的物质基础，没有经济发展，就无法实现可持续发展的目标，也无法保障人口、资源、环境与经济的协调发展。可持续发展理论的目标是实现经济与社会发展的良性循环。这一理论旨在满足人类多样化的需求，充分发挥人力和物力的潜力，充分利用自然资源，同时关注生态合理性，保护生态环境，避免对后代人的生存和发展产生负面影响。简言之，可持续发展既要满足当前发展的需求，又要为未来发展预留空间，不以损害后代利益为代价来满足当代人的需求，从而实现经济与社会发展的良性循环。可持续发展理论倡导走绿色发展之路。传统的经济发展模式往往是"先污染，后治理"，将环境问题视为外部不经济的产物。在"谁污染谁治理或谁污染谁付费"的原则下，侧重于末端治理，但结果往往无法解决环境问题。可持续发展理论要求经济发展应有助于资源的持续利用和生态系统的良性循环。要保护大气、淡水、海洋、土地和森林等自然环境和自然资源，防止环境污染和生态破坏，走绿色发展道路。

农业绿色发展秉承可持续发展的理念，妥善地处理农业资源与生产之间的关系。通过提高资源利用效率、保持生态系统的平衡、确保产地环境清洁和增强绿色产品的供应能力不断地满足广大人民对美好生活的期盼。农业可持续发展系统是一个以农业资源环境为基础、农业人口系统为依托、农业社会系统为支撑、农业经济系统为动力的一种人为干预的复杂生态系统，农业可持续发展各子系统关系如图3-3所示。可持续的农业生态系统同样强调在资源保有量和农业经济增长之间寻求一个平衡点，既能满足当前社会对高质量绿色农产品的需求增长，又不会威胁到后代人对绿色优质农产品的需求。

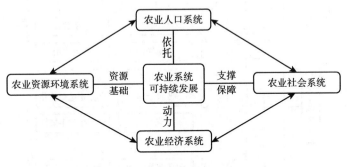

图3-3　农业可持续发展系统

二、农业多功能性理论

农业多功能性理论是指农业不仅具有经济功能，还具备政治、生态、社会和文化等多重功能（见图3-4）。经济功能主要表现为农业为社会提供食物及其他农产品，确保人类的基本生存和发展。并依托于农副产品供应创造了难以估量的经济价值，奠定了国家经济的根基。经济学家库兹涅茨的经典研究揭示了农业对国民经济发展作出了产品、市场、要素和外汇四大贡献。政治功能主要体现在农业对社会政治稳定性的保障上，农副产品是国家的重要的战略储备物资，农业的发展关系到大部分民众的切身利益，并在很大程度上影响他们的政治倾向。生态功能主要体现在农业对生态环境的支持和改善。农业的各个要素本身就是生态环境的重要组成部分，农业生产对生物多样性的保持、自然灾害的防治和人类生存环境的改善有积极作用。社会功能重点关注农业对劳动就业和社会保障的贡献。农业不仅能吸纳劳动力就业，而且农副产品的数量和质量直接影响着居民的基本生存需求和健康状况。农业的社会功能至关重要，一旦出现问题，就可能会阻碍经济社会发展的良好态势。文化功能着眼于农业内部蕴含的丰富文化资源。农业是文化多样性的守护者，通过教育和文化活动对人们的价值观和生活方式产生深远影响，促进社会的整体进步和可持续发展。

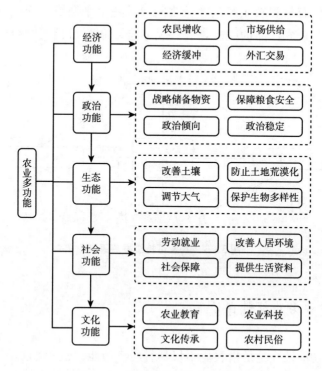

图3-4 农业多功能的分类及内容

农业多功能性理论经历了三个发展阶段，其核心内容和关注点也逐渐演变，从最初关注提高农业的生产力和确保粮食的供应能力到重视农业生产水源、土壤、森林和草原等自然资源的影响，再到关注农民就业、改善农民的生活质量、增强农村社区的活力以及农村景观农业文化、历史传承等方面的维护。在国际层面上，虽然各个国家（地区）和相关组织对农业多功能性的理解和应用有着广泛的共识，但也存在各自的发展动机和主要观点（见表3-2）。自2004年以来，我国连续21年将"三农"问题作为中央一号文件关注的重点（见表3-3）。农业多功能性不断拓展和强化，社会保障功能、生态环境功能、文化传承功能等逐渐成为解决"三农"问题的重要着力点和全面建成小康社会的重要发力点。

表3-2 典型国家（组织）农业多功能性理论的

发展动机和主要观点

典型国家	背景来源	发展动机	主要观点	理论基础
日本	20世纪80年代末在"稻米文化"中引入多功能性	突出保护日本国内稻米市场	水稻的种植不仅是粮食生产，还具有水土保持、环境净化、文化传承等功能，保持日本的水稻生产就保持日本的"稻米文化"	农业可持续发展
荷兰	1996年荷兰发起的DTO项目	分析和强调农业对可持续发展的作用	将农业多功能性等同于可持续发展	可持续发展理论
欧盟	1997年欧盟"欧洲农业模式"	寻找能持续促进农业多功能性的制度安排	农业的非商品产出可以以公有产权或私有产权的形式进入公共服务与市场流通领域	新制度经济学的产权和治理结构理论
联合国粮农组织（FAO）	1999年国际农业和土地多功能特性会议	增强农业社会保障	农业具有经济、环境、社会、文化等各个方面的多重功能和目标	农业的多功能性和可持续性
中国	2007年中央一号文件	积极发展现代农业	农业不仅具有食品保障功能，而且具有原料供给、就业增收、生态保护、观光休闲、文化传承等功能	农业绿色发展

表3-3 2004年以来中央一号文件基于农业多功能性的

聚焦问题和预期目标

年份	政策名称	聚焦问题	预期目标	功能领域
2004	《关于促进农民增加收入若干政策的意见》	农民增收	尽快扭转城乡居民收入差距不断扩大的趋势	农业经济功能
2005	《关于进一步加强农村工作提高农业综合生产能力若干政策的意见》	提高农业综合生产能力	解决农业投入不足、基础脆弱等问题	农业生态功能
2006	《关于推进社会主义新农村建设的若干意见》	社会主义新农村建设	建立以工促农、以城带乡的长效机制	农业社会功能
2007	《关于积极发展现代农业扎实推进社会主义新农村建设的若干意见》	现代农业	夯实产业基础，确保新农村建设沿着健康的轨道向前推进	农业社会功能

年份	政策名称	聚焦问题	预期目标	功能领域
2008	《关于切实加强农业基础设施建设进一步促进农业发展农民增收的若干意见》	农业基础设施建设	加强农业基础地位，保障主要农产品基本供给，解决农村社会管理和公共服务的矛盾	农业经济功能
2009	《关于促进农业稳定发展农民持续增收的若干意见》	农业稳定发展	应对国际金融危机，防止粮食生产滑坡与农民收入徘徊	农业经济功能
2010	《关于加大统筹城乡发展力度进一步夯实农业农村发展基础的若干意见》	统筹城乡发展	以城乡统筹破解"三农"难题，协调推进工业化、城镇化和农业现代化	农业社会功能
2011	《关于加快水利改革发展的决定》	水利改革发展	有效缓解水利"基础脆弱、欠账太多、全面吃紧"等问题，加快扭转农业主要"靠天吃饭"局面	农业生态功能
2012	《关于加快推进农业科技创新持续增强农产品供给保障能力的若干意见》	农业科技创新	依靠科技进步实现农业增产增收、提质增收、节本增收	农业经济功能
2013	《关于加快发展现代农业进一步增强农村发展活力的若干意见》	创新农业经营体系	解决城镇化进程中谁来种地、怎么种地以及农村社会管理等问题，激活农村和农民自身的活力	农业社会功能
2014	《关于全面深化农村改革加快推进农业现代化的若干意见》	农村改革	破除农业农村体制机制弊端，推进四化同步发展	农业社会功能
2015	《关于加大改革创新力度加快农业现代化建设的若干意见》	农业现代化	靠改革添动力，以法治作保障，在经济增速放缓背景下继续强化农业基础地位、促进农民持续增收	农业经济功能
2016	《关于落实发展新理念加快农业现代化实现全面小康目标的若干意见》	农业现代化	用发展新理念破解"三农"新难题，加快补齐农业农村短板	农业社会功能

年份	政策名称	聚焦问题	预期目标	功能领域
2017	《关于深入推进农业供给侧结构性改革加快培育农业农村发展新动能的若干意见》	农业供给侧结构性改革	从供给侧入手、在体制机制创新上发力,从根本上解决当前最突出的农业结构性、体制性矛盾	农业社会功能
2018	《关于实施乡村振兴战略的意见》	新时代乡村全面振兴	让农业成为有奔头的产业,让农民成为有吸引力的职业,让农村成为安居乐业的美丽家园	农业社会功能
2019	《关于坚持农业农村优先发展做好"三农"工作的若干意见》	农业农村优先发展	发挥"三农"压舱石作用,为有效应对各种风险挑战赢得主动,为确保经济持续健康发展和社会大局稳定、如期实现第一个百年奋斗目标奠定基础	农业社会功能
2020	《关于抓好"三农"领域重点工作确保如期实现全面小康的意见》	农村同步全面建成小康社会	抓好农业稳产保供和农民增收,推进农业高质量发展,保持农村社会和谐稳定,提升农民群众获得感、幸福感、安全感	农业经济功能
2021	《关于全面推进乡村振兴加快农业农村现代化的意见》	全面推进乡村振兴	把全面推进乡村振兴作为实现中华民族伟大复兴的一项重大任务,举全党全社会之力加快农业农村现代化,让广大农民过上更加美好的生活	农业社会功能
2022	《关于做好2022年全面推进乡村振兴重点工作的意见》	全面推进乡村振兴	着眼国家重大战略需要,稳住农业基本盘、做好"三农"工作,接续全面推进乡村振兴,确保农业稳产增产、农民稳步增收、农村稳定安宁	农业政治功能

年份	政策名称	聚焦问题	预期目标	功能领域
2023	《关于做好 2023 年全面推进乡村振兴重点工作的意见》	全面推进乡村振兴	强国必先强农，农强方能国强。要立足国情农情，体现中国特色，建设供给保障强、科技装备强、经营体系强、产业韧性强、竞争能力强的农业强国	农业政治功能
2024	《关于学习运用"千村示范、万村整治"工程经验有力有效推进乡村全面振兴的意见》	有力有效推进乡村全面振兴	打好乡村全面振兴漂亮仗，绘就宜居宜业和美乡村新画卷，以加快农业农村现代化，更好推进中国式现代化建设	农业社会功能

农业多功能性各要素之间存在相互依赖、相互促进和相互制约的关系。首先，农业生产的效应不仅限于经济层面，还涉及难以在市场价格中体现的外部效应，如生态环境保护、生物多样性维护、农耕文明传承等正外部性，以及农药和化肥使用带来的环境污染和土壤肥力下降等负外部性。其次，农业生产具有公共产品特征，不仅关系到国家的粮食安全，还通过供应原材料支持其他行业的发展。最后，农业生产过程是经济再生产与自然再生产的有机结合，农业生产区域与农民生活区域往往相互重叠，农业生产与农村生活紧密相关。农业生产不仅支持了农村地区的经济发展，还承载着文化传统和生活方式的传递和演变。总体而言，农业是一个多维度的复杂系统，涉及的功能和作用远超简单的商品生产，它是经济与自然资源可持续性之间的桥梁，也是农村社会结构和文化传承的重要支柱。

三、产业生态学理论

产业生态学是一门研究产业活动与生态环境之间相互关系的跨学科应用科学。1977 年，美国地理学家普雷斯顿·克罗德（Preston Cloud）在德国地球学年会上首次提出了这一概念。1983 年，比利时政治研究与信息中心出版的《比利时生态系统：产业生态学研究》一书指出，从生态学角度分析产业活动需研究企业与供应商、产品销售网络及消费者之间的关系。1989 年，美国学者罗伯特·弗罗施和加劳布劳斯（Robert Frosch and N. E. Gallopoulos）在《科学美国人》杂志上发表《制造业战略》，首次正式提出产业生态学概念。1991 年，美国科学院专题研讨了产业生态学的概念、工具与发展方向，成果于 1992 年发表在《美国科学院院刊》上。1995 年，美国学者格雷德尔和艾伦比（Graedel and Allenby）出版了第一本教科书《产业生态学》。1997 年，《产业生态学杂志》作为产业生态学领域的旗舰杂志正式创刊。1998 年，第一届产业生态学高登研究会议召开。2000 年，国际产业生态学会成立。2001 年，第一届产业生态学国际大会在荷兰莱顿大学召开，其后每两年召开一次。第十届产业生态学国际大会 2019 年在清华大学召开。随着华人研究群体在产业生态学领域的影响力日渐提升，2015 年华人产业生态学会正式成立，成为该领域活跃的学术团体。

产业生态学关注产业活动与生态环境之间的互动，强调综合利用资源、系统整合技术、跨学科交叉以及产业协作。它主张产品生产的数量及质量与社会的需求效率和秩序相结合，以实现经济增长与环境保护和谐共存、人与自然的持续共生的目标。产业生态学强调生产过程应采用与环境协调的产业发展模式，以减少资源和能源消耗，降低对生态环境的破坏，在保证经济增长的同时，不削弱产业发展的可持续性和环境协调性。产业生态学的研究理念具有三个特点：首先，强调全局视野，关注产品和生产过程从开始到结束的全生命周期对环境的影响，而不仅是某个阶段或局部的环境效应；其次，倡导长远视角，以人类与生态系统的未来共存为导向，寻求经济利益、社会效益与生态效益的平衡和统一；最后，提倡全球视野，在关注人类产业活动对局部和地区环境影响的同时，更加重视对全球和地球生命支持系统的影响。

产业生态学的理念已逐渐成为国家、行业和企业决策和发展的重要理论支撑，在国家层面，将产业生态学的理论和原则融入法律法规、发展规划纲要等，有助于制定科学合理的产业政策；在行业层面，将产业生态学融入行业竞争能力和发展能力建设中，有助于实现行业的可持续发展；在企业层面，将产业生态学的评价和设计纳入管理水平、规划方案和标准提升，有利于构建"绿色核算体系"并推广应用。产业生态学既是一种分析产业系统与自然、社会和经济系统相互关系的系统工具，也是一种发展战略和决策支持手段，同时在一定程度上可视为可持续发展思想的方法论载体。

四、系统科学理论

系统科学是一门以系统为研究和应用对象的科学。系统是由相互关联和互动的组成部分（要素）构成的一个具有特定结构和功能的有机整体。系统科学研究关注各类系统之间的关系和特性，揭示其活动规律，探讨有关系统的各种理论和方法。系统思想源远流长，确立这门科学学术地位的是1968年贝塔朗菲发表的专著《一般系统理论：基础、发展和应用》，该书被公认为是这门学科的代表作。我国相关学者也对此进行了研究。刘耀文（2013）认为系统的开放性与封闭性的适当统一对于系统的生存和发展至关重要。开放性是指系统促进自身与环境进行交换的属性，而封闭性则指系统阻止自身与环境进行交换的属性。这两种性质对于系统的生存和发展均具有必要性。

系统论强调将研究对象视为整体系统来进行分析，通过探究系统内部的结构、功能及其与环境的互动，揭示出系统与系统要素，系统与环境之间的复杂联系和动态变化规律。系统是普遍存在的，无论是浩瀚的宇宙还是微观的原子，都可以被视为系统，整个世界则是由众多系统组成的复杂网络。系统论的核心思想是整体观念。系统中每个要素都在系统中占有特定的位置并发挥独特的作用，部件之间不是孤立存在的，而是互相关联、共同构成一个不可分割的有机整体，当部件脱离系统时，其原有的功能和意义也将随之消失，正如同被切断的手失去了作为劳动工具的功能一样。

系统科学理论在我国广泛应用在航天、军事、通信、环境保护等领域。系统科学独特之处在于，它整合了自然科学与社会科学领域中的问题，采用系统的视角进行全面研究。系统科学以交叉性、综合性、整体性和横断性为特点，主要探讨系统运动、演化、改造、协调和控制的一般规律，以及由此产生的系统运行规则、结构和功能间的相互关系，有序与无序状态之间的复杂关系等。值得指出的是，系统的功能会因其内部结构的调整或外部环境的变动而受到影响。因此，系统科学的核心任务是揭示这些规律，以调控系统的作用方向。

五、循环经济理论

循环经济是在多种学科交汇融合下产生的思想集合体，其核心是提升资源的利用效率、减少对环境的污染、实现对资源的循环利用。循环经济起源于 20 世纪 60 年代，美国经济学肯尼思·鲍尔丁（K. E. Boulding）在《地球是一艘宇宙飞船》的演讲中提出"宇宙飞船经济"理论，他将地球比喻成一个在宇宙中航行的飞船，其所承载的物质和资源是有限的，资源一旦耗尽将导致人类的灭亡。到 20 世纪 70 年代，以联合国环境保护大会发布的《联合国人类环境会议宣言》为标志，循环经济理论正式形成。1990 年，在大卫·皮尔斯和凯利·图奈（D. W Pearce and Kery Turner）共同撰写的《自然资源与环境经济学》一书中，循环经济的概念被明确提出，为理论的普及奠定了基础。20 世纪末期，循环经济的概念开始在国内学术界得到关注，褚大建教授（1998）将循环经济与国内发展状况相结合，认为发展循环经济的主要理论基础在于生态经济学中的可持续性，而非新古典经济学中的弱可持续性。国家发展和改革委员会进一步将循环经济定义为一种促进可持续发展的经济模式，强调以高效利用和开发自然资源为核心，旨在通过减少资源消耗和废物排放，推动经济与环境的和谐发展。

循环经济是一种强调生态保护与经济增长并行不悖的发展理论，基于资源的可持续使用与再生，其目的在于减少人类活动对环境的负面影响。循环经济研究不仅涉及环境与经济发展问题，还关注资源的合理配置、生产和再利用、再循环的客观经济规律及其表现形式和实现手段、途径等问题，从资源—经济—环境等三维视角来进行研究。在当前环境问题日益加剧的背景下，推动循环经济的发展已成为实现经济和生态双重可持续的重要策略。循环经济理论遵循减量化、再利用和再循环的"3R 原则"（见表 3 - 4），否定过去传统的"资源—产品—消费—污染"的不可逆的线性经济模式，倡导"资源—产品—消费—再生资源"的循环利用模式，强调在资源利用、生产、消费和废弃处置中遵循生态系统的自然规律，减少生产生活对资源的过度依赖，实现资源之间的循环利用。

表 3 - 4　　　　　　　　循环经济理论的 3R 原则

3R 原则	层面	内容
减量化原则（Reduce）	生产层面	通过提高劳动生产率和资源利用率，在保证获得预期生产结果的情况下，最大程度地减少不可再生资源的投入量和污染物的排放量
	开发层面	开拓新型资源并将其投入使用，减少不可再生物资和高污染物资的使用
	消费层面	倡导减少高能耗、高污染商品的使用，鼓励合理消费，减少浪费
再利用原则（Reuse）	生产过程	强调对物质和能源的多方式、多层次、多次数的使用
	产品结果	强调产品的耐用性和灵活性，设计产品时考虑其多方式的使用和延长产品的使用期限
	消费使用	强调倡导消费者主动对已购商品多次数、多方式地使用
再循环原则（Recycle）	生态环境层面	生态系统内的非生物物质（如水、碳、氮等）通过生物体的代谢活动循环利用
	生产层面	强调物品在使用功能完成后，可直接或间接变成可利用的资源，再次进行使用

循环经济是一种注重资源高效利用和污染减少的经济运作方式，现已被全球众多国家所采用。德国和美国作为循环经济发展的先行者，为其他国家发展循环经济积累了宝贵经验。德国的循环经济发展主要有两个特点：一方面制定且完善了相关法律法规，如德国政府自 1996 年制定了《循环经济和废弃物管理法》，旨在确保循环经济的有效实施；另一方面采取了各种政策措施鼓励企业和公众参与，如征收排污税和对环保工作取得突出成果的企业或个人给予奖励，从而形成了一种防治污染与提高资源利用效率并存的经济发展模式。美国的循环经济则以促进再利用旧货为突破口，政府鼓励旧货的买卖交易并支持交易平台发展，由此涌现了许多物品交易的实体店铺和在线拍卖网站，旧货循环消费成为美国发展循环经济的重要的特点。美国同样颁布了诸如《资源保护再生法》《固体废弃物处置法》之类的法律对循环经济发展进行保障。我国也不断加快循环经济的发展步伐，从"十一五"规划到"十四五"规划期间，我国政府相继发布了包括《关于加快发展循环经济的若干意见》和《循环经济发展战略及近期行动计划》等多项政策文件，旨在通过法规与系统的政策推动创新经济发展模式。尤其是 2021 年国家发展改革委《"十四五"循环经济发展规划》的发布，标志着循环经济成为推动国内资源节约和生态文明建设的战略方针。大力发展循环经济、推进资源节约集

约利用、构建资源循环型产业体系和废旧物资循环利用体系，不仅提升了各国资源利用效率，还有助于减少碳排放，对全球环境保护和可持续发展具有重要意义。

　　总体来看，循环经济强调自然资源及环境承载力的重要性着眼于资源的循环利用。循环经济理论中的"减量化、再利用、再循环"原则与农业绿色发展理念相契合，都秉持节约资源与优先考虑生态的策略来推动农业经济的发展。因此，我国农业发展要减少化肥和农药的使用、发展清洁能源、资源化利用秸秆、农膜等废弃物，在不断减少农业面源污染的同时，积极探索并推广生态友好的农业循环模式，促进农业发展与生态环境之间的良性循环。

第四章

农业绿色发展的内在作用机理

本章以实现农业可持续发展、农民生活更加富裕、乡村更加美丽宜居为目标，综合运用农业多功能、产业生态学和系统科学等理论，构建农业绿色发展的内在作用机理模型。该模型通过阐释农业绿色发展系统的内在特定功能和外在环境条件，解析农业绿色发展系统构成及其子系统结构，并进一步探讨农业绿色发展子系统之间如何实现互利共生、协作共生及城乡融合共生。在此基础上，诠释了农业循环发展、低碳发展和生态发展等不同的农业绿色发展系统运作方式。通过对农村绿色发展的内在作用机理的研究，为我国农业绿色发展战略的制定和实施提供理论依据和实践指导，推动农业产业转型升级，实现农业绿色可持续发展。

第一节　农业绿色发展的作用机理模型

随着社会经济的飞速发展，农业作为我国国家经济的支柱产业，正面临着转型升级的巨大挑战。在当前背景下，农业绿色发展已逐渐成为我国农业发展的必然趋势。为了更好地推动我国农业可持续发展，深入研究农业绿色发展的内在运作机制及其运行规律显得尤为重要。所谓农业绿色发展的作用机理，是指在迈向绿色发展过程中，农业系统内部各元素如何协作，并在特定的环境中如何相互影响和作用的具体规则和基础原理。深入研究农业绿色发展内在机理，有助于更好地理解农业绿色发展的内在规律，从而为我国农业绿色发展战略的实施提供理论支持，助力实现中华民族伟大复兴的中国梦。

本书构建的农业绿色发展作用机理模型如图4-1所示。

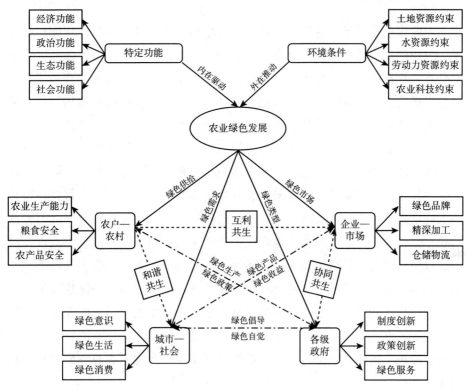

图4-1 农业绿色发展作用机理模型

一、内在驱动：特定功能的实现

农业绿色发展是我国农业发展的重大战略方向，同时也是构建生态文明和推动乡村振兴的核心内容。要全面构建以绿色发展为导向的农业制度体系，基本形成农业增长与自然资源及环境的承载能力相匹配、生产生活生态相协调的农业发展格局，进而实现农业可持续发展、农民生活富裕、乡村美丽宜居的任务目标。农业绿色发展系统赋予了自身一系列特定功能，包括经济功能、生态功能、政治功能和社会功能。特定功能驱动农业绿色发展系统各要素协同耦合，从而不断提升资源和能源利用效率，实现绿色转型，提升农业发展质量。

（一）持续发展的经济功能

农业绿色发展已成为我国乡村振兴战略的重要支柱，其经济功能持续发展。农业的经济功能主要体现在四个方面：一是提高农业产值与效益。农业绿色发展旨在提高农业生产效率、降低生产成本，进而提高农业产值。农业绿色发展还促进了农产品品质的提升，进一步拓宽了农产品的市场销路，从而提高农业经济效益。二是促进乡村产业转型升级。在农业绿色产业链的延伸过程中，农产品加工业、农村电商等新兴产业得以蓬勃发展。乡村产业结构的优化和升级为农民创造了更多就业机会，助力农民增收致富。同时，绿色农业还带动了农业观光、休闲农业等乡村旅游业的发展，为乡村经济增长注入新活力。三是拓宽农民增收渠道。农业绿色发展关注农民收入的可持续增长，通过多元化产业发展，为农民提供更多就业机会。在绿色农业产业链中，农民不仅可以从事农业生产，还可以参与农产品加工、销售等环节，实现收入的多元化。此外，乡村旅游业等新兴产业的兴起也为农民提供了丰富的就业选择，助力农民增收。四是提升国家农业竞争力。绿色农业技术和管理经验的不断积累与创新使我国农业逐渐具备全球竞争力。在国际农产品市场上，绿色、优质、安全的农产品受到广泛关注，为国家农业发展创造了有利条件。

（二）日益凸显的生态功能

作为生态文明建设的重要组成部分，农业绿色发展承担着守护绿水青山、实现人与自然和谐共生的重要使命。首先，保障生态安全和农业可持续发展。绿色农业发展注重土壤质量的提升，通过科学施肥、有机耕作等方式改善土壤结构、提高土壤肥力。土壤质量的提升有利于农业生产的持续发展，降低农业生产对化肥、农药的依赖，从而减少环境污染。其次，保护生物多样性与生态系统完整性。在生产过程中，农业绿色发展倡导采用生态环境友好的耕作方法，保护农田生态系统中的微生物、昆虫、鸟类等生物种群，维护生态系统的稳定性和多样性。最后，改善农村的生产和生活环境。在农业绿色生产过程中，农民对化肥、农药的合理使用降低了农业生产对环境的污染。此外，农业绿色发展还促进了农业废弃物的资源化利用，进一步减少了农村环境的污染源。农村生态环境的改善为农民提供了宜居的生活环境，也有利于吸引城市游客前来休闲度假,从而带动乡村经济的发展。

(三) 长治久安的政治功能

作为国家粮食安全和农业农村发展的基石,农业绿色发展具有重要的政治功能。农业绿色发展与全面建设社会主义现代化国家紧密相连。农业绿色发展有利于提高农业生产力、优化农业产业结构、保障国家粮食安全和农产品质量安全。一方面,农业绿色发展筑牢国家粮食安全基石。通过推广绿色农业技术、实施绿色生产方式,我国农业生产力不断提高,粮食产量稳步增长。农业生产过程中的资源节约和环境友好有助于维护生态平衡,为粮食安全提供坚实保障;另一方面,农业绿色发展保障农产品质量安全。绿色农业发展通过加强监管、推广绿色生产技术等手段,保障人民群众"舌尖上的安全"。绿色农业生产的优质农产品满足了消费者对绿色、健康、安全食品的需求,为国家食品质量安全提供了有力保障。农业的发展不仅提供了基本的生存资料,还通过稳定农村经济和社会结构来间接维护政治稳定。农业的繁荣减少了社会的不稳定因素,为政府提供了稳定的税收来源,有助于实施有效的治理政策。

(四) 稳定和谐的社会功能

作为乡村振兴战略的核心要素,农业绿色发展承载着助力乡村振兴、促进全体人民共同富裕的重任。新时代下农业绿色发展的社会功能主要体现在四个方面:一是增加农民就业机会。在绿色农业产业链的延伸过程中,农产品加工业、农村电商等新兴产业得以蓬勃发展。乡村产业结构的优化和升级为农民创造了更多就业岗位,使农民能留在农村工作,从而解决农村中普遍存在的"空心村"和"留守儿童"问题。二是促进城乡居民收入均衡。农业绿色发展着力缩小城乡居民收入差距,实现全体人民共同富裕。通过优化农业产业结构、提高农产品附加值,农业绿色发展为农民创造了更多收入来源。与此同时,乡村旅游业、农村电商等新兴产业的发展进一步拓宽了农民的增收渠道,助力城乡居民收入逐渐均衡。三是促进农村文明乡风建设。在农业绿色发展过程中,农民环保意识的提高、农村文化活动的丰富使得乡村文明得到传承和发扬。和谐的农村社会氛围有利于提高农民的精神生活水平、推动乡村文明进步。四是增强乡村社会治理能力。通过加强农村生态文明建设,乡村基层组织能够更好地组织和引导农民参与环境保护活动、提高农民的环保意识和参与度。同时，农业绿色发展也要求乡村基层组织在政策制定和实施中更加注重环境保护，从而加强了组织与农民之间的联系，提高了组织的凝聚力和执行力。

二、外在推动：环境条件的影响

随着农业及农村经济的迅速发展，我国面临严峻的资源和环境挑战。土地的持续耕作导致了土壤质量下降，农业环境也因化肥、农药等的过量使用而日益恶化。地下水超采和农业劳动力减少使问题进一步复杂化，对农业的长期可持续性发展构成了威胁。

（一）土地资源约束

土地资源是国民经济和社会发展的重要基础，对于保障粮食安全、维护生态平衡、促进社会经济发展具有举足轻重的作用。然而，在我国快速发展的过程中，土地资源约束问题日益凸显，成为制约经济社会可持续发展的瓶颈。在土地资源总量方面，我国的陆地总面积约为960万平方公里，全球排名第三，虽然土地基数较大，但人均土地资源占有量相对较低，仅为世界平均水平的1/3。尽管我国土地资源类型丰富多样，但适宜农业生产的优质土地较少，对粮食安全和农业发展构成了挑战。在土地利用结构方面，我国土地利用以农业为主导，农业用地占比较大，满足了粮食生产和农业发展的需求。与农业用地相比，建设用地、林业用地等其他类型土地的占比相对较低，表明我国土地资源的多元化利用程度有待提高。此外，城乡土地利用结构失衡现象显著、城市用地扩张迅速导致农村土地资源利用效率低下。这种失衡不仅造成了土地资源的浪费，还可能加剧城乡差距和环境问题。在土地资源质量方面，我国呈现显著的差异性。部分地区，尤其是西部和北方地区，面临土壤贫瘠、水源短缺以及自然灾害频繁等问题，从而导致土地生产力相对较低，对农业发展和粮食安全产生严重制约。在土地资源分布方面，受地理、气候等自然因素影响，我国土地资源分布呈现出不均衡状态。东部沿海地区土地资源相对丰富，得益于其地理位置优势和较为充足的水资源。然而，中西部地区的土地资源却相对匮乏，这在一定程度上限制了这些地区的经济发展，并对粮食安全和生态环境保护产生负面影响。

土地资源约束问题对我国粮食安全、生态环境及社会公平和谐产生了显著制约。耕地面积的减少和耕地质量的下降使得粮食生产能力受限，进而对国家粮食安全带来严重威胁。此外，不合理的土地开发和利用方式，如过度开发、乱占滥用土地等，导致生态环境恶化，生态退化、土地荒漠化等问题日益严重。与此同时，土地资源分配的不均衡加剧了城乡差距，城市土地增值与农村土地贬值的现象并存，进而对社会公平和谐产生负面影响。

（二）水资源约束

水资源在农业生产中起着至关重要的作用，对保障农业绿色发展具有重大意义。然而，我国水资源总量有限，人均占有量较低，且开发利用不合理、污染问题严重。2023 年《中国水资源公报》显示，我国水资源总量 25 782.5 亿 m^3，比多年平均值偏少 6.6%。虽然我国水资源总量居世界第 6 位，但人均水资源量仅为世界平均水平的 35%，全国有近 2/3 的城市不同程度缺水。[①] 此外，我国水资源地区分布呈现不均衡特点，东部沿海地区水资源相对丰富，而中西部地区水资源则相对匮乏，这种分布特点加大了水资源开发的压力。在水资源开发利用过程中，部分地区过度开发、不合理灌溉等问题导致了水资源枯竭、地下水位下降、土壤侵蚀等生态环境问题日益凸显。更为严重的是，农业面源污染、工业废水排放等原因使得水质恶化，可利用水资源减少，既影响农产品的质量和安全，同时也威胁着人类的健康。

水资源短缺及水质恶化对农业生产产生了显著负面影响，农作物产量受损、农业生产效益降低。水资源过度开发和污染等问题加剧了生态环境恶化、破坏了生态平衡、对农业绿色发展的基础构成威胁。水资源约束使得农业生产布局和结构调整面临严峻挑战并影响农村居民生活用水，不利于农村的生产生活。

（三）农业劳动力资源约束

农业劳动力资源约束已成为我国农业绿色发展面临的重要问题，具体表

---

① 水利部. 2023 年中国水资源公报 [EB/OL]. (2024 - 06 - 14) [2025 - 02 - 20]. http://www. mwr. gov. cn/sj/tjgb/szygb/202406/t20240614_1713318. html.

现在农业劳动力数量不足和劳动力素质不高两个方面：一是农业劳动力数量不足。随着城市化进程的加快，大量农村劳动力流入城市，导致农村地区劳动力短缺。一些农村正面临着生产领域一线劳动力、基层农技人员和农业管理人员严重短缺的"断代"问题。常年有减无增的情况将在相当长时期内持续，影响了农业生产和农村经济的发展。二是农业劳动力的素质不高。在文化程度上，初中文化程度的农业劳动力占比较大，而高中及大专以上学历的农业劳动力占比较小，整体文化素质偏低。在生产技能上，大多数劳动力仍然只掌握传统生产技能，对于现代农业生产技能的应用相对较少。尽管有一些劳动力开始尝试运用现代生产技能，但与农业绿色发展的要求存在较大差距。在思想观念上，农业劳动力对新技术、新知识的接受程度不高，缺乏科学生产基本知识，对一些新品种和新技术的实验、示范难以完成。参加过农业技术培训的劳动力占比不高，而且很多劳动力认为没有时间或没有必要参加科技培训。

在农业绿色发展中，劳动力的数量和质量对于推动农业可持续发展具有重要意义。劳动力总量有限、素质不高导致农业绿色生产效率低下，农业绿色生产布局和结构调整困难，从而严重阻碍了农村绿色发展的步伐。

（四）农业科技约束

农业绿色发展对农业科技创新的水平提出了更高的要求，但目前在农业科技领域多种制约因素限制了我国农业绿色发展的步伐。具有自主知识产权、抗性强、高产、高品质且适用于机械化收获的作物新品种缺乏，适应气候变化的作物生产技术研发不足，农作物稳产丰产风险加大，对农业绿色发展构成威胁，阻碍了农业生产效率的提高。公益性植保体系和生物防治技术的研发进展缓慢，使农作物疾病与虫害问题不能得到很好的解决，导致农作物产量下降。目前国内农业的种植结构较为单一，调整种植结构的技术难题尚未突破，从而限制了农业生产多样性和可持续发展。此外，我国农业废弃物资源化利用技术瓶颈明显，产业政策支持不足，秸秆焚烧和畜禽养殖废弃物随意堆放现象仍然存在，加剧了农村环境污染。在土壤改良和环境保护上，固碳增汇型土壤培肥技术和环境友好型施肥技术研发滞后，农业温室气体排放问题日益突出。为了提升农业的质量和效益、应对资源紧缺和生态环境退化的挑战，迫切需要通过创新驱动策略来转变农业科技发展方向，优化科技资源分配，改革科研机构运作方式，构建一个全面促进农业绿色发展的技术体系。

农业特定功能实现的内在驱动和外在环境的预警和反馈促使我国农业发展向绿色转型，以应对和解决土地、水资源、农业劳动力及科技等方面的约束带来的挑战。

三、系统及子系统结构

在特定功能与环境条件的共同作用下，农业绿色发展形成了一个独特的"五边形"系统架构。该系统将任务目标具体化为四个功能目标，包括绿色供给、绿色市场、绿色转型和绿色需求。这些功能目标分别构成了"农户—农村""企业—市场""各级政府""城市—社会"四个子系统架构。这些子系统之间相互关联、相互作用，共同推动农业绿色发展系统的运行。在这个系统中，各子系统具有其独特的角色和功能。"农户—农村"子系统侧重于绿色生产和供给，通过优化农业生产方式和农村产业结构，提高农业绿色产出；"企业—市场"子系统关注绿色市场和转型，通过创新绿色技术和绿色商业模式，促进绿色产品的交易和消费；"各级政府"子系统强调绿色转型和需求，通过政策引导、资金投入和监管手段，推动农业绿色发展。"城市—社会"子系统聚焦绿色生活和绿色消费，通过政府及相关组织的绿色倡导，促使城市居民的思想观念和生活习惯发生绿色转变，进而扩大对绿色消费的需求。这一"五边形"系统架构的运行，揭示了农业绿色发展的内在机制和运行规律。在环境条件的约束下，各子系统之间相互影响、相互协同，共同推动农业绿色发展。

（一）"农户—农村"

"农户—农村"子系统是农业绿色发展的主体，其主要职责是确保国家粮食安全，并为社会提供绿色、环保的农产品。在"农户—农村"子系统中，科技创新和农业现代化被视为提高农业绿色生产效率的关键手段。科技创新通过优化农业产业结构、推进农业绿色生产、提升农业对外开放水平等多方面的作用，促进了农业的现代化进程。例如，通过减少对高污染、高耗能作物的种植，增加绿色、有机、无公害农产品的生产，以及通过引进和培育新的农作物品种，有效提高农业生产效率，降低人力物力消耗。"农户—农村"子系统致力于推广绿色、低碳、高效的现代化农业生产技术。包括推广有机农业、生态农业、循环农业等，通过降低化肥农药使用，提高农业废弃物资源化利用水平，减少农业面源污染，改善农村生态环境，既能确保农产品生产的绿色环保，也有利于提高农产品的品质和价值。此外，在保障绿色供给和提升农业综合生产能力的基础上，"农户—农村"子系统还推动农村产业结构调整。包括发展农村特色产业、农村休闲旅游业、农村电子商务等，以促进农村经济绿色、高效、可持续发展。

"农户—农村"子系统在农业绿色发展中扮演着至关重要的角色。农业绿色发展需要围绕"农户—农村"子系统，持续推进绿色生产技术的推广、农业产业结构的优化、农业废弃物处理与资源化利用等方面的实践。在保障绿色供给、提升农业综合生产能力的同时，又促进了农村经济的发展和农村生态环境的改善，为实现农业可持续发展奠定了坚实基础。

（二）"企业—市场"

在农业绿色发展系统中，"企业—市场"子系统承担着推动绿色市场繁荣的重要职责。企业需采取多种策略，将绿色理念贯穿于农产品收购、精深加工、品牌运营、仓储物流和产品销售的全过程。企业通过与农户签订绿色农产品购销合同，协商合理的收购价格，形成稳定的购销关系，建立了利益联结机制。企业通过引进先进技术和管理模式对收购的绿色农产品进行精深加工，提高农产品的附加值。精深加工既包括对绿色农产品进行精细化、功能化、差异化加工，以满足不同消费者的需求，也包括利用生物技术、纳米技术等先进手段提升农产品的品质和安全性。企业在精深加工的同时，对绿色品牌进行建设与运维。通过打造绿色、有机、安全的品牌形象，增强消费者对绿色农产品的认知度和信任度，从而提高绿色农产品的市场竞争力。企业在品牌建设过程中要充分展示绿色农产品的优势，如环保、健康、可持续发展等，以吸引更多消费者关注和购买。企业通过建立健全农产品仓储物流体系，优化仓储设施布局，提高物流配送效率，确保绿色农产品从生产到消费环节的全程保鲜、环保、高效。健全的仓储物流体系可以减少绿色农产品的损耗，帮助企业降低成本，提高绿色农产品的竞争力，进一步推动绿色市场的发展。此外，企业通过多种渠道拓展绿色农产品市场，包括线上线下相结合的销售模式、加强与大型超市和电商平台的战略合作、积极参加国内外农产品展览和推介活动等，以提高绿色农产品的市场份额，促进绿色市场的繁荣。

通过农产品收购和精深加工、绿色品牌运维以及高效的仓储物流等手段，"企业—市场"子系统将农业绿色发展产业链和价值链不断延伸，实现将绿色变为效益，以活跃和繁荣绿色市场，推动农业绿色发展的全面实现。

（三）"各级政府"

在农业绿色发展系统中，"各级政府"作为一个关键子系统，肩负着推动绿色转型的重任。政府部门需采取多种措施，确保绿色理念贯穿农业生产的各个环节。首先，政府部门应制定以资源管控、环境保护和产业准入负面清单为主要内容的绿色发展政策，为农业绿色发展提供制度保障，引导农业生产者和企业遵循绿色、环保、可持续的发展路径。其次，政府部门需根据地域特点和资源禀赋，规划合理的农业产业结构和空间布局，优化农业资源配置，提高农业生产效益，并为绿色农业、生态养殖等产业发展提供条件，实现农业产业链的绿色循环发展。再次，政府部门要出台一系列政策，支持绿色农业发展。农业绿色发展涉及层面多，既有生产要素的改革和众多农户的利益，也有生产到消费的各个环节。为保证绿色农业发展顺利推进，政府必须出台和完善相关法律、法规和制度，确保具有可操作性、科学性，使其真正发挥为社会服务的作用。最后，政府部门要鼓励农业科技创新，推广绿色农业生产技术。农业绿色发展需要科学技术支撑，但农业科技研发需要大量资金且回报周期长，一般企业不愿意过多投入，必须要政府加以引领和倡导，如加大财政投入、整合科研资源等，以技术进步提高农业生产效率，降低农业面源污染。

"各级政府"这一子系统在推动农业绿色发展中扮演着引领者、规划者、支持者、监管者的多重角色。需充分发挥政府的引导、调控和推动作用，通过构建农业绿色发展制度体系、空间布局体系、政策支持体系和科技创新推广体系，全面激活农业绿色发展的内生动力，促进农业向更加环保、可持续的方向发展。

（四）"城市—社会"

在农业绿色发展系统中，"城市—社会"子系统的主要功能为扩大绿色需求、推动绿色农业的市场发展，并促进农业绿色发展的全面实现。"城市—社会"子系统通过宣传教育、培训等手段，提高社会公众对绿色农业的认识，包括普及绿色农业的知识、理念和技术，引导公众了解绿色农业的环保、健康、可持续等优点。通过提高公众的绿色认知，树立绿色消费观念，为社会绿色需求的形成奠定基础。"城市—社会"子系统还要积极引导城市居民关注农产品品质、安全和环保特性。通过推广绿色农产品标识、建立农产品质量安全追溯体系、加大农产品抽检力度等，让城市居民在购买农产品时更加注重绿色、环保、安全的因素，从而增加绿色农产品的市场需求。此外，鼓励城市居民采取低碳、环保的生活方式，包括推广节能减排、绿色出行、垃圾分类等，降低城市生活对农业生态环境的影响，将农业、城市居民、社会公众等各方利益紧密相连，实现农业绿色发展的良性循环。日益增加的绿色需求不断促进农业供给侧结构性改革，包括优化农业产业布局、调整农产品产业结构、提高农业生产效率等，进而形成农业绿色发展的闭环系统。

通过提高公众绿色认知、引导城市居民关注农产品品质和安全、鼓励低碳环保生活方式等手段，"城市—社会"子系统不断扩大绿色需求，形成农业、城市居民、社会公众共同参与的绿色发展格局，为我国农业绿色转型和可持续发展奠定坚实基础。

第二节　农业绿色发展驱动要素的互作机制

农业绿色发展的驱动要素子系统之间主要存在两种互作机制：共生机制和响应—适应机制（见表4-1）。共生机制作为一种促进各个子系统之间协同合作的手段，包括互利共生、协同共生和和谐共生三种形式。响应—适应机制普遍存在于各个子系统之间，有助于提高农业绿色发展的适应性和韧性，确保在面对各种挑战时仍能保持可持续发展。在共生机制下，各子系统之间积极合作，共同为实现绿色农业发展目标而努力；而在响应—适应机制下，各子系统能够及时调整和改进发展策略，以应对不断变化的环境和市场需求。

综合运用这两种机制，有助于充分发挥各子系统的优势，推动农业绿色发展的全面实现。

表4 – 1　　　　　　　　　农业绿色发展驱动要素的互作机制

互作机制	形式	内容
共生机制	互利共生	各子系统在农业绿色发展过程中相互受益，从而激发持续合作的动力
	协同共生	各子系统在绿色发展过程中的协同效应，通过优化资源配置和互补优势，实现共同发展
	和谐共生	各子系统在农业绿色发展中共享在经济发展中取得的经济成果，缩小社会失衡，消除社会矛盾，建立和谐社会
响应—适应机制	—	各子系统能够根据外部环境和内部需求的变化，调整和改进农业绿色发展策略

一、共生机制

（一）互利共生

在农业绿色发展的产业链和价值链中，农户和农业企业分别扮演着上下游的关键角色，他们之间形成了一种相互依存、互利共生的关系。农户生产的初级和绿色农产品作为原材料，被农业企业加工增值后进入市场成为商品。因此，初级农产品的质量和供应的稳定性是影响企业加工效率和整个供应链成功的关键因素。同时，农业企业的批量采购为农民的产品提供了稳定的市场销路，也激励着农户生产更高质量的农产品。农户和农业企业通过专业化分工，实现了产业链上下游的优势互补和互利共生，逐渐形成了牢固的农企利益联结新模式。农户与农业企业之间的互利共生模式包括新型订单模式、股份合作模式、服务带动模式和多层次融合模式。

1. 新型订单模式。新型订单模式主要表现为农业企业与农户通过签订"农资供应—生产—购销"合同，将两者紧密联系在一起。农业企业为农户提供生产所需的种子、化肥、农药等优质农资和科学的生产技术和方法，并根据市场需求和产业发展趋势，为农户提供合理的生产方案，引导农户调整种植结构，帮助农户提高生产效率。农业企业根据签订的购销合同，按约定价格对农户生产的绿色农产品进行收购，并通过返利、奖励等形式让农户分享产业增值收益。"农资供应—生产—购销合同"模式能够使农户获得先进的生产技术和市场保障，促进农业生产的绿色化、标准化水平的提升。

2. 股份合作模式。股份合作模式主要表现为农户（或集体）以土地使用权、农业设备等资产参与农业企业，或先行加入农民合作社，再由合作社参与或投资设立农业企业。农户以股东身份获取收益，实现了土地资源向资本的转化。股份合作模式将农户的土地、农机具等资源与企业的资金、技术等优势相结合，充分发挥土地的规模效应和区位优势，实现了资源的优化配置，提高了农业生产的效益。股份合作模式建立了龙头企业与农户之间的紧密利益联结机制，降低了农户的市场风险，保障了农户的收益，并推动了农业产业链的整合和升级，有利于绿色农业、生态农业的发展。

3. 服务带动模式。服务带动模式主要表现为龙头企业通过向特定区域的农户提供多样化的农业生产服务，帮助农户增产提质、节本增效，同时实现农业企业的轻资产、高回报运行。第一，服务带动模式通过为向农户提供生产作业服务、技术服务、农资服务等全方位的农业生产托管服务，有效降低了农户的生产成本，并显著提高了农业生产效率。第二，服务带动模式中的农业企业为农户提供农产品订制销售服务，帮助农户拓宽农户的销售渠道，降低市场风险，保障农户利益。第三，服务带动模式在土地流转之外，通过农业生产托管服务帮助广大分散的小农户采用绿色生产技术实现适度规模经营，从而提高农业产值，增加农民收入。第四，服务带动模式中的龙头企业通过提供全方位的农业生产服务，将农户紧密地纳入农业产业链，实现产业链的优化配置。

4. 多层次融合模式。多层次融合模式主要表现为多种联结方式并存的混合型模式，兼具各家之所长，对经营主体的内部管控能力、产业链建设水平等要求较高，因此，在大型农业企业中采用得较多。多层次融合模式有助于培育新型农业绿色经营主体，通过整合各类资源创新农业绿色经营模式，为农业绿色产业发展注入新活力，促进农业现代化进程。此外，多层次融合模式有助于推动第一、第二、第三产业融合发展。通过产业链的整合和优化，提高农业绿色产业链的附加值，为农户提供更多的发展机会，助推农民在产业链中获取更多收益。最后，多层次融合模式进一步增强了农业企业与农户之间的利益联结，使企业与农户形成紧密的合作关系，实现共赢发展。

农户与企业之间的互利共生的合作关系以及利益联结，既有利于农业企业自身的发展壮大，又有助于农户抵御农产品价格下行和农业生产成本上升的双重不利影响，为农户与农业企业分享农业产业链衍生价值创造了可能。农户与农业企业之间的互利共生合作关系能够帮助农业企业获取稳定、高质量的原料供应，从而提高企业的生产效率和产品质量，增强市场竞争力，促进企业的发展壮大。农户与企业之间的利益联结为农户提供了稳定的销售渠道，农户通过与企业签订长期合同，可以规避农产品价格波动带来的风险，稳定收入来源。同时，企业对农户的采购需求也有助于农户合理安排生产，降低农业生产成本。农户与企业之间的互利共生合作关系有助于推动农业产业链的延伸和升级。企业通过加工农户生产的初级农产品提高产品附加值，实现产业链的增值。农户则专注于高品质农产品的生产，逐步向绿色、生态、高效的农业生产模式转型，分享产业链衍生价值。在互利共生合作关系的基础上，农户与企业共同推动农业技术创新、绿色发展，提高农产品品质和产量，降低生产成本，进而提升农业绿色产业链的整体竞争力。

（二）协同共生

政企协同共生是指政府和农业企业在农业绿色发展中不断寻求共同进化、协同增效，从而形成整体价值最优的动态过程。农业企业致力于持续向市场推出环保且优质的农产品和服务，提高市场价值并赚取绿色收益。政府侧重于优化农业绿色发展系统的内部结构，将其与外部环境相协调。实现政企协同共生的核心在于政府和农业企业在农业绿色发展过程中的"共同进化"和"绿色共赢"，只有营造开放的政企环境、建立和完善长效运行机制、提升政企协同共生的自组织化水平，才能确保政企协同共生功能的充分发挥。在实践过程中，政府和企业应积极合作，共同推进农业绿色发展。政府要加强政策引导，鼓励企业加大绿色农业技术研发投入，提升农产品质量。企业则需积极响应政府政策，加大绿色生产力度，确保产品质量和生态环境的可持续发展。通过政企共同努力，助力农业绿色发展和乡村振兴目标的实现。

1. 营造协同共生的开放环境。农业绿色发展中实现政企协同共生的关键在于坚持开放性原则，构建高效的信息共享、互动、互通机制。通过打造企业、市场和政府之间的公开、透明、共享的信息平台，缔造政企协同共生的开放环境，可以有效打破信息获取的垄断、信息使用的独占以及信息传递的隐蔽现象，减少或消除政企之间因信息不对称所引发的投机行为或不公平举动，从而避免市场失灵和政府失灵。政企协同共生的开放环境既可以使企业更加明确政府政策导向，及时了解市场动态，提高决策效率和市场竞争力，又可以使政府更好地掌握企业运营情况和市场需求，精准施政，提高政策执行效果。营造政府和农业企业协同共生的开放环境可以激发农业绿色发展系统内部各要素之间的协同效应、实现资源优化配置、推动绿色农业技术创新和产业升级。此外，政企协同的开放环境还有利于吸引更多社会资本投入农业绿色产业，形成政企良性互动的发展格局，为实现农业绿色发展和乡村振兴提供有力支持。

2. 发挥协同共生的引导作用。通过构建权责明确、利益共享和制度规范的政企协同共生机制可以实现企业、市场和政府变量之间的有序互动，并对农业绿色发展的趋势和方向产生影响。权责清晰，有利于各参与方明确自身职责，形成共同推进农业绿色发展的合力；利益共享，可以激发企业积极投入绿色生产，同时让农民分享绿色发展带来的红利；制度规范，有助于营造公平竞争的市场环境，确保绿色农业政策的贯彻执行。高效的政企协同共生机制通过有序、关联的运动，将企业、市场和政府的力量汇聚在一起，为农业绿色发展提供强大动力。

3. 激发协同共生的自组织能力。激发政府与农业企业之间的协同共生自组织能力需要激活信任机制、共识机制和监督机制。一是建立政企信任机制。政府和企业应建立良好的沟通渠道，保持信息的公开透明，相互尊重和支持，形成合作共赢的局面。信任是政企协同共生的基石，只有信任才能使双方充分发挥各自优势，共同推进农业绿色发展。二是激活政企共识机制。政府和企业应就绿色农业发展的目标、战略和路径等方面达成共识，以共同的理念和目标为导向，形成推动农业绿色发展的强大合力。通过定期召开座谈会、研讨会等形式，及时解决绿色生产中遇到的问题，共同推动农业绿色产业升级。三是完善政企监督机制。政府和企业应相互监督，确保绿色农业政策的贯彻执行和绿色生产技术的推广应用。同时，加强对企业绿色生产的监管，确保企业履行社会责任，实现绿色可持续发展。通过培育协同共生的区域文化，摒弃保守、狭隘的部门利益、地方利益和局部利益观念，自觉从战略和全局的角度为政企协同共生的自组织能力创造机会和条件。

（三）和谐共生

和谐共生是指在经济发展中用取得的经济成果作为杠杆，最大限度地完善社会保障体系，缩小社会失衡现象，消除社会矛盾，建立和谐社会，从而达到政治稳定、国家长治久安。如果在发展中过分追求经济效益，必然会导致不同群体之间在享有发展成果和承担生态代价上的不对等，从而造成严重的贫富两极分化、生态危机等问题，使得社会矛盾不断被激化。城乡和谐共生旨在通过城市引领农村发展、推动城乡一体化以实现工业与农业、城市与农村的共同繁荣。自2002年中央明确提出统筹城乡经济社会发展的战略构想和基本思路以来，我国陆续出台了"工业反哺农业、城市支持农村"等政策框架促使城乡协调发展步入"以工促农，以城带乡"的城乡和谐共生阶段。和谐共生以满足人民日益增长的美好生活需要为出发点和落脚点，坚持发展为了人民、发展依靠人民、发展成果由人民共享。实现和谐共生，一要通过农业绿色发展增加农户收入，缩小社会成员之间的贫富差距；二要优化乡村公共基础设施和社会服务，实现城乡公共服务水平的均衡，让人民群众共享发展成果；三要尊重自然、顺应自然、保护自然，促进人与自然和谐共生。

1. 缩小城乡贫富差距。城乡贫富差距过大是影响社会和谐共生的主要因素。农业绿色发展要在保护自然资源和生态环境的前提下，促进农户增收，缩小城乡贫富差距。政府部门要给予农业绿色发展更多的政策支持和经济补贴，如种子补贴、农业机械购置补贴、生态补偿等，通过政策红利的释放直接增加农户收入。政府部门通过引导社会公众的绿色消费意识，增加社会公众对绿色健康产品的需求，从而使绿色农产品在市场上拥有更好的竞争力，通过有机认证、地理标志保护等方式，提高产品的市场知名度和影响力，帮助农户打开更广阔的绿色市场。农业绿色发展通过推广节水灌溉、测土配方施肥、病虫害综合治理等现代农业技术，帮助农户减少农业生产中的资源浪费，提高单位面积产出。此外，通过将农业废弃物转化为沼气、堆肥等资源循环利用，还能进一步降低生产成本，帮助农户创造额外收入。农户收入的增加可以有效地缩小城乡贫富差距，促进社会主义共同富裕目标的实现。

2. 均衡城乡公共服务。城乡公共基础设施和社会服务的不均衡影响着社会的和谐共生。政府部门要根据农村的实际需求，合理配置资源：一方面，对农村的交通，水利和通信网络等基础设施进行全面强化和升级，增强农村生产力，提升居民的生活质量，为农业绿色发展提供坚实的基础；另一方面，加大对乡村教育、医疗、文化等公共服务领域的投入，保障乡村居民基本公共服务需求。基础设施的完善和公共服务水平的提升不仅可以提升当地居民的生活质量，还能吸引更多的人才回乡创业，为农业绿色发展提供人才支撑。政府还可以因地制宜地打造一批具有吸引力的乡村旅游景点和度假区，吸引城市人口到乡村居住、康养、休闲、观光、度假，使人们在乡村景观中享受到与城市无异的居住体验，从而加速城乡之间的互动交流，实现城乡社会和谐共生。

3. 构建人与自然生命共同体。发展方式绿色转型是实现人与自然和谐共生的必由之路。生产方式绿色转型要求调适自然逻辑与生产逻辑之间的关系。自然逻辑是指自然本身的发展进化规律，强调人类必须服从自然界的法则，以追求生态平衡为目标，实现自然界的可持续发展。生产逻辑是指人类的经济行为以追求资本利益最大化为目标。在资本主义生产方式的条件下，自然逻辑与生产逻辑之间的矛盾是尖锐对立的。在社会主义条件下，发展方式绿色转型兼顾了自然可持续发展的要求，同时也满足了人类生产扩张的需要，是实现人与自然和谐共生的必由之路。党的二十大报告提出"协同推进降碳、减污、扩绿、增长，推进生态优先、节约集约、绿色低碳发展"，为促进人与自然和谐共生提供了系统性、综合性的思路。中国式现代化必须走可持续发展道路，坚持节约优先、保护优先、自然恢复为主的方针，坚定不移走生产发展、生活富裕、生态良好的文明发展道路，促进经济社会发展全面绿色转型，促进人口、经济、资源环境的空间均衡，坚持用改革的办法破解体制机制障碍，坚持用最严格的制度和最严密的法治保护生态环境。

二、响应-适应机制

响应与适应机制贯穿于农业绿色发展的各个子系统之间，发挥着至关重要的作用。其中，最为重要是"各级政府"和"农户—农村"、"各级政府"和"城市—社会"、"企业—市场"与"城市—社会"子系统之间的响应—适应机制。

（一）"各级政府"和"农户—农村"的响应—适应机制

政府在农业绿色发展中扮演着主导角色，通过制定政策、提供技术支持和资金支持，引导农户适应并实现绿色生产。例如，政府通过引导农户利用畜禽粪便处理的沼肥、少用传统的化学肥料，从而改善土壤质量、提高农产品品质。此外，政府还通过构建新型农业经营体系，推动小农户和现代农业发展的有机衔接，通过政策支持和责任落实加快构建新型农业经营体系，为小农户发展提供有力制度保障。农户作为农业生产的主体，积极响应政府相关政策，利用沼肥代替化肥，通过参与新型农业经营体系，如家庭农场、农民合作社等，实现了与现代农业发展的有机衔接，将绿色生产转化为经济效益，并获得政府的生态补偿，从而实现生态与经济的双赢。政府通过政策引导和技术支持、农户通过采用绿色生产方式和参与新型农业经营体系，共同推动了农业绿色发展，形成了政府主导与农户主体有效衔接和良性互动的善治格局。

（二）"各级政府"和"城市—社会"的响应—适应机制

农业绿色发展不仅关乎企业的转型升级和产业结构的调整，也深刻影响着社会公众的生活方式和消费习惯。企业需要响应社会公众的绿色需求，采用有机、绿色的生产方式以满足市场对健康、环保农产品的需求。企业生产方式的调整不仅提升了农产品的质量和安全性，也增强了企业的社会责任感和市场竞争力。社会公众则适应这一变化，愿意为购买优质绿色农产品而付出更高的价格。社会公众绿色消费观念的普及使企业获得绿色收益和价值积累，进一步推动其加大绿色生产的投入。企业和社会公众之间的关系是紧密相连、相互促进的。企业的转型升级和产业结构的调整以及社会公众对绿色、健康消费的偏好和选择，共同推动了农业绿色发展，实现了人与自然的和谐共生。

（三）"企业—市场"和"城市—社会"的响应—适应机制

各级政府通过制定和实施与农业绿色发展相关的政策和措施来引导社会公众参与到农业绿色发展中来。通过加大对绿色产业、生态环保项目的财政支持力度，鼓励社会资本参与农业绿色发展，并建立健全生态补偿机制。政府积极通过宣传教育增强公众的环保意识，倡导绿色消费理念、推广绿色出行方式，使社会公众适应农业绿色发展并形成绿色自觉。社会公众对农业绿色发展的积极响应有助于提高整个社会的环保意识，推动绿色发展的全面实施。政府引导社会公众参与到农业绿色发展中来，不仅保护了生态环境、提高了农产品质量，同时也推动了经济的绿色转型和社会的可持续发展。

总之，通过响应—适应机制，我国农户、企业和社会公众形成了绿色生产与消费的良性循环。在此基础上，各级政府应继续加大绿色发展的宣传和扶持力度，引导全社会共同参与绿色转型，为实现可持续发展目标和生态文明建设作出贡献。

第三节　农业绿色发展的系统运作方式

农业循环发展、农业低碳发展和农业生态发展是解决农业发展面临资源约束、环境约束、生态约束的重要途径。农业循环发展着重于资源的回收和再利用。通过实施循环发展战略，农业可以实现废弃物资源化利用、提高资源利用效率、降低生产成本、缓解资源约束、为农业可持续发展奠定基础。农业低碳发展侧重于能源的节约和创新。在农业生产过程中，推广节能技术、提高能源利用效率、发展清洁能源等举措有助于降低农业对环境的负面影响、减少温室气体排放、实现低碳发展。农业生态发展关注人与自然界物质和能量的交换与共生。通过加强生态建设、保护生物多样性、促进农业生态系统平衡，实现农业生产与生态环境保护的和谐发展。农业生态发展有助于缓解生态约束，提高农业发展的可持续性。总之，这三种运作方式各有侧重、互为补充（见表4-2）。在农业绿色发展系统中，它们共同发挥作用，推动农业走上绿色、低碳、生态的发展道路。

表4-2　　　　　　　　农业绿色发展的系统运作方式及特点

运作方式	定义	特点
农业循环发展	以生态系统的物质运动形式及生态学规律为基础，致力于降低和减少农业废弃物的消耗与排放，将废弃物循环再利用，达到资源化的目的	着重于资源的回收和再利用

运作方式	定义	特点
农业低碳发展	在可持续发展理念指导下，通过产业结构调整、技术与制度创新、可再生能源利用等多种手段，尽可能减少农业产供销过程中的高碳能源消耗和温室气体排放	侧重于能源的节约和创新
农业生态发展	按照生态学原理和生态经济规律，因地制宜地设计、组装、调整和管理农业生产和农村经济的系统工程体系	关注人与自然界物质和能量的交换与共生

一、农业循环发展

农业循环发展以生态系统的物质运动形式及生态学规律为基础，致力于降低和减少农业废弃物的消耗与排放，将废弃物循环再利用，达到资源化的目的。农业循环发展提倡建立"资源—产品—消费—再生资源—再生产品"的循环流动模式。农业生产过程中的废弃物被视为宝贵的资源，通过科学的技术手段和管理办法，将其转化为新的生产原料，为农业发展提供支持。这种循环流动模式有助于实现农业资源的可持续利用，保护生态环境，提高农业经济效益、生态效益和社会效益。

（一）庭院经济微循环

庭院经济循环模式指的是农户利用家庭院落空间进行生产、加工、服务经营的一种经济形态，通过合理开发利用农村的闲置资源，继承和发展传统技艺，进一步提高资源的利用效率，增加全社会的食物供给能力。庭院经济循环模式的核心在于将乡村生态环境优势转化为经济优势、发展优势，实现生产清洁化、废弃物资源化、产业模式生态化。比如以家庭养殖户为单元、以户用沼气为纽带，发展"家庭养殖—户用沼气—家庭种植"的庭院经济模式。畜禽粪便直接进入沼气池，生产的沼气供家庭使用，沼渣、沼液用于家庭种植业生产，形成微循环利用模式。这种模式不仅美化乡村环境，还能增加农户收入，提升农户的生活品质。

（二）家庭农场内部小循环

家庭农场成为体现农业循环发展理念的直观载体。家庭农场内部小循环指单个经营主体在自己的经营单元内建立生态循环链，使物质、能量能够顺畅流动转换。其核心在于实现资源使用的减量化、再利用和再循环。在各个生产环节中，家庭农场主需秉持循环发展理念，通过优化生产流程，降低资源消耗，提高资源利用效率，减少废物排放，实现绿色、低碳、可持续发展。例如，菲律宾玛雅农场最初只是一个面粉厂，面粉厂产生大量麸皮，为了有效利用麸皮，农场引入了畜牧和养鱼业务；为了控制畜禽粪肥污染、循环利用加工厂的废弃物建立起十几个沼气车间，提供农场生产和家庭生活所需的能源。沼气产生过程中剩余的固体残渣可以作为畜禽饲料或转化为有机肥料，而处理后的沼液则用于养殖水生动物及灌溉农田。农田生产的粮食又送面粉厂加工，进入下一次循环。玛雅农场不用从外部购买原料、燃料、肥料，却能保持高额利润，并且有效避免了环境污染，充分实现了物质的循环利用。

（三）农业产业链条中循环

农业产业链条的中循环主要关注农业企业间的相互关联，特别是物质交互关系。农业企业间的相互关联不仅仅体现在中间产品的交换上，还体现在废弃物的交换上。这意味着一个农业企业的废弃物可以成为另一个农业企业的原材料，实现了资源的循环再利用。比如，浙江君缘生物科技有限公司在生产食用菌过程中将切除的菌菇根回收卖给浙江华欣牧业有限公司，并通过技术加工将其变成了养殖基地的饲料。菌菇根饲料化既实现了资源的有效循环利用，又降低了企业的经营成本、提高了企业的经济效益经济。

（四）一二三产业融合大循环

农业循环发展不仅局限于农业生产领域，还广泛涉及社会生活的各个方面。要把循环发展理念贯穿农村第一、第二、第三产业融合发展各环节，集约循环利用各类资源，大力发展绿色加工，推动农产品从种养到初加工、精深加工及副产物利用无害化，鼓励支持农产品加工业与休闲、旅游、文化、康养等产业深度融合，努力构建农村产业绿色发展的生态链、产业链、价值链。比如，以县为单元，发展规模化生物质天然气工程，建设"特大型养殖场—生物天然气工程—产业园"第一、第二、第三产业融合模式。生产的沼渣沼液为第一产业服务，沼渣可以转化为有机肥料，而沼液则可通过自动喷灌系统灌溉周围的农田，对使用不完的沼液则进行跨区域的资源调配和利用。生产的生物天然气为第二、第三产业服务，生物天然气进入天然气管网用于工业生产和城镇居民用气，也可以进入 CNG 加气站为出租车加气，还可以发电并入电网，为农业、工业和服务业服务，从而形成循环农业与第一、第二、第三产业融合大循环利用模式。

二、农业低碳发展

农业低碳发展是一种以可持续发展原理为基础，旨在调整农业产业结构、创新农业低碳生产技术与管理制度的发展模式。通过实现农业可再生资源、能源利用率的最大化，尽可能减少农业生产、加工和销售等过程中的高碳能源消耗和温室气体排放。在确保粮食安全及重要农产品供给的前提下，农业低碳发展引导农业生产经营主体采用绿色、低碳的生产方式，实现农业生产过程的高能效、低能耗和低碳排放，减轻环境压力，提高资源利用效率，促进农业产业的转型升级。

（一）节能控本与高效农业

农业低碳发展作为一种新兴发展模式，强调在农业生产过程中降低化石能源消耗，减少化肥、农药、农膜、除草剂、植物生长调节剂、土壤改良剂等农用化学品的投入，并高效利用生物质能源，适度发展木薯、甘蔗等非粮能源作物，生产燃料乙醇以替代化石燃料，开发利用太阳能、风能、秸秆等可再生能源。农业低碳发展不仅有助于降低农业生产成本，还可减轻二氧化碳等温室气体的排放，从而保护生态环境并促进农业可持续发展。农业低碳发展鼓励农业生产主体寻求创新方法，以适应低碳发展要求，如采用绿色防控技术、有机肥料、生物农药等，以降低生产成本和环境污染，从而实现环境、经济和社会效益的共赢，为农业可持续发展奠定基础。

（二）产地清洁与优质农产品

农业低碳发展通过减少或基本不使用农药、除草剂等有毒有害的农用化学品，最大限度地降低农村环境污染的主要来源，为实现农产品产地清洁和优质农产品生产提供了有力保障。农业低碳发展积极推动了农产品产地环境的改善，为生产无公害，有机及绿色食品的各类标准提供了基本条件。因此，要加大对低碳农业技术的研发和推广力度、培训农民掌握低碳农业生产技术，以及加强对农产品产地环境的监测和管理。政府和社会各界应积极向农民普及环保理念，提高农民环保意识，为推动农业低碳发展营造良好的政策环境。

（三）集约利用与可持续性

农业低碳发展并非一概排斥化肥、农药、农膜等高碳农用化学品投入，而是注重利用效率的提升，追求以最少的投入获得最高的产出效益。具体来说，根据田间每一操作单元的具体条件，精准地管理土壤和各项作物，最大限度地优化使用农业投入（如化肥、农药、水、种子等）以获取最高产量和经济效益，减少使用化学物质，保护农业生态环境。农业低碳发展在增强粮食和农产品供给能力的同时，致力于实现固碳减排，尽可能地减少对环境的破坏，以增强农业生产和发展的可持续性。政府和企业应加大对低碳农业技术的研发和推广力度，提供技术培训和支持，引导农业生产经营主体采用绿色、低碳的生产方式，以实现农业生产过程的高能效、低能耗和低碳排放。

三、农业生态发展

农业生态发展是在保护、改善农业生态环境的前提下运用现代科学技术和管理手段，结合传统农业的有效经验建立起来的，能够获得较高的经济效益、生态效益和社会效益的农业可持续发展模式。随着城市化的推进和城乡交通的快速发展，农业生态发展的空间和潜在价值将进一步得到释放和深化。农业生态发展侧重于加强农业生态工程设计与建设，促进产业链有机衔接，实现农业产业转型升级。农业生态发展汲取了传统农业的优点，并借鉴现代农业的生产和管理方式，以可持续发展为核心目标，实现农业经济系统、农村社会系统、自然生态系统的同步优化，促进生态保护和农业资源的可持续利用。

（一）立体式种养

立体式种养是一种创新的农业生态系统，其根据生物种群的生物学、生态学特征和生物之间的互利共生关系设计，是一种高效、环保、可持续的农业生产模式，通过充分利用生物种群的生态特性，实现农业生产过程的优化、提高农业效益，同时保护生态环境。立体式种养使得处于不同生态位的生物种群在系统中能够更加充分地利用太阳能、水分和矿物质营养元素，从而实现农业生产的高效利用和可持续发展。立体式种养具体包括农田立体间套模式、果林地立体间套模式、农户庭院立体种养模式以及水域立体养殖模式等。

农田立体间套模式通过在同一土地上种植不同作物，实现农田资源的立体利用，提高了土地产出效益，比如玉米间种大豆、马铃薯等。果林地立体间套模式则是在果林间种植其他作物，提高土地利用率，增加农民收入。比如，利用林地荫蔽、湿度较高的环境，将经过室内接种、发菌后的袋栽菇置于林下培养、出菇。林下种植毛木耳、大球盖菇、灵芝等可与主业齐头并进，甚至取得超过主业的经济效益。农户庭院立体种养模式是将农业生产与养殖业相结合，利用庭院空间进行多样化种植和养殖，实现家庭经济收入的多元化。比如，稻田养鱼、养蟹、养螺等。水域立体养殖模式则是在水域中采用多层次、多品种的养殖方式，提高水域资源的利用效率，促进水产养殖业的可持续发展。比如国内的淡水水产养殖中，鲢鳙是上层鱼，青鱼草鱼是中层鱼，鲤鱼鲫鱼是底层鱼，多品种混养可以充分利用水体，提高经济效益。

（二）食物链循环

食物链循环是一种遵循农业生态系统能量流动和物质循环规律的良性循环农业生态系统。系统中一个生产环节的产出成为另一个生产环节的投入，使得废弃物得以多次循环利用，从而防止了农业废弃物对农业生态环境的污染，提高了能量转换率和资源利用率，提升了各产业的经济效益。食物链循环的具体模式包括种植业内部物质循环利用模式、养殖业内部物质循环利用模式以及种养加工三结合的物质循环利用模式等。种植业内部物质循环利用模式通过农作物间的互补关系实现废弃物的再利用，提高了资源利用率。养殖业内部物质循环利用模式则是利用物质循环规律实现生态平衡，或将养殖业的废弃物进行肥料生产、沼气发电等，实现了废弃物的资源化。比如在淡水水产养殖中，白鲢摄食浮游植物，鳙鱼摄食浮游动物，而浮游动物又摄食浮游植物、吃食鱼类的排泄物，排遗物被微生物分解后又为浮游植物提供营养，通过合理搭配几种鱼类的养殖密度，构建一个平衡的生态系统。种养加工三结合的物质循环利用模式将种植、养殖和加工环节紧密结合，通过加工环节对废弃物的处理和再利用，实现了产业链的闭环。通过食物链循环、创新农业发展路径可以实现农业生产过程的高效、环保、和谐，为实现农业产业的繁荣和农村经济的持续增长提供有力支持。

（三）田园综合体

田园综合体是一种将农事活动、自然风光、科技示范、休闲娱乐、环境保护等融为一体的现代农业发展模式，旨在实现农业增效、农民增收、农村增绿以及村庄美、产业兴、农民富、环境优。田园综合体顺应城乡一体化大格局，推动农村第一、第二、第三产业融合发展，培育新型社区，形成新的乡村发展模式，改变城乡发展格局。田园综合体的核心理念包括循环农业、创意农业、农事体验和新型社区建设。循环农业注重资源利用效率、推广高效农业技术、优化农业生产布局、加强农业基础设施建设。创意农业则通过创新思维和技术，提高农产品的附加值和市场竞争力。农事体验让市民参与农业生产、体验农村生活、促进城乡互动。新型社区建设旨在构建宜居、宜业、宜游的乡村社区，提高农民生活质量。在乡村振兴战略下，田园综合体本质上是一种中国模式的现代农业。农业企业可以从国家土地政策、农业产业化政策、大健康政策、金融政策等多方面获得支持，构建可持续和更具竞争力的商业模式。

农业绿色发展系统通过循环发展、低碳发展和生态发展等多种运作方式，实现废弃物资源化利用和固碳减排，改善农业生态环境，降低农业投入和生产成本。农业绿色发展将环境保护与经济发展紧密结合，提升了农产品安全性，将农业和农村经济的发展从常规模式转变为可持续发展，满足人们对安全、绿色、有机等高质量农产品日益增长的需求。此外，农业绿色发展还不断提高生态系统的稳定性和可持续性，为农业的长期发展提供了有力支撑。农业绿色发展是一种兼顾经济效益和生态效益的农业生产模式，通过循环发展、低碳发展和生态发展等路径，实现了废弃物资源化利用、农业生态环境改善和农产品安全性提高等多重目标。

第五章

我国农业绿色发展的
成效及现实障碍

党的十九大以来，我国生态文明建设和乡村振兴战略持续推进，取得了突出成就。在绿色发展与农业发展交汇领域，农业绿色发展也取得了突破性进展。然而，在推进农业绿色发展过程中，既有机遇也存在挑战，多种因素制约着其进一步发展。

第一节　我国农业绿色发展的成效

农业绿色发展是国家发展战略的核心内容，关乎着农村产业兴旺和农民福祉提升。在生态文明建设和"三农"工作的推动下，农业绿色发展在保护农业资源、改善农业生产环境、增强绿色农产品的供应能力和推动农业现代化进程等方面取得了积极成果。据《中国农业绿色发展报告2023》显示，我国农业绿色发展总体水平显著提高，2015～2022年全国农业绿色发展指数从75.15提升至77.90，提高了2.75%（见图5-1）。[①] 国家农业绿色发展先行区的绿色发展指数平均达到了80.32，其中5个先行区的农业绿色发展指数超过了85，显示了农业绿色发展水平在全国的领先地位。

[①] 杨舒. 我国农业绿色发展水平稳步提升 [N]. 光明日报，2024-09-01 (003).

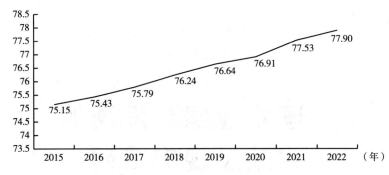

图 5 - 1　我国农业绿色发展指数

资料来源：《中国农业绿色发展报告 2023》。

一、农业资源保护和利用能力显著增强

开源节流作为一种重要的环境保护策略，强调资源节约和高效利用，是实现生态环境保护的根本方法。因此，在农业生产与农产品加工过程中，农业资源的保护与合理利用显得尤为重要。降低农业资源开发利用强度、提升资源使用的效率和可持续性是农业绿色发展的重要任务。近年来，以耕地保育、节水提效、生物保护为核心，我国的农业资源保护水平不断提高，利用能力也得到了增强。

（一）高标准田建设成效显著

耕地是农业生产的基础，其面积和质量直接影响农产品的产量和品质。在农业绿色发展的推动下，我国依据资源环境承载力，严守耕地红线，实施耕地质量提升工程、土壤改良措施，加强黑土地保护利用，守护耕地中的"大熊猫"。我国耕地质量不断提高，全国耕地平均等级达到 4.76，比 10 年前提高 0.35 个等级，相当于每亩提升了 35 千克的粮食产能。党的十八届三中全会以来，我国高度重视高标准农田建设，这一重要议题已经连续十余年写入中央一号文件。农业农村部数据显示，2018～2022 年共新建高标准农田 4.56 亿亩，截至 2023 年年底，全国已累计建成高标准农田超过 10 亿亩。[①]

---

① 罗贤宇. 建设高标准农田 夯实农业强国根基［EB/OL］.（2024－07－17）［2025－02－20］. http：//www. moa. gov. cn/ztzl/ymksn/gmrbbd/202407/t20240717_6459228. htm.

建成的旱涝保收、高产稳产的优质良田，有效破解了人多地少的土地资源瓶颈。同时，我国致力于构建集中统一高效的农田建设管理新体制，从实施全国高标准农田建设总体规划到国务院办公厅印发《关于切实加强高标准农田建设提升国家粮食安全保障能力的意见》，再到发布《全国高标准农田建设规划（2021—2030年)》《高标准农田建设通则》等，这一系列制度设计为高标准农田建设明确了方向、目标和路径，彻底改变了农田建设领域"五牛治田"的局面，守住了耕地红线，防止了耕地"非农化""非粮化"，为确保粮食安全发挥了重要作用。

（二）农业综合节水能力增强

实现农业高质量发展，加强农业用水管理至关重要。近年来，我国推行农业节水增效行动，有效控制农业用水总量，提高农田水资源利用效率。党的十八大以来，在水资源紧缺的条件下，我国耕地灌溉面积由9.37亿亩增加到10.75亿亩，生产了全国77%的粮食和90%以上的经济作物。农业节水和高效用水形成了1 100亿立方米以上的年农业综合节水能力，其中，农艺节水与工程节水的比例分别为45.76%和54.24%。在有效灌溉面积不断扩大、粮食连年丰收的前提下，农业用水总量下降了300亿立方米。灌溉水利用系数从2014年的0.530提高到2023年的0.576，单方灌溉水的粮食生产力从1.58千克增加到1.80千克以上。耕地灌溉亩均用水量由2014年的402立方米下降到2023年的347立方米，降低了13.7%（见表5-1）。[①] 通过灌区续建配套节水改造，累计恢复新增灌溉面积6 000余万亩，改善灌溉面积近3亿亩，有效遏制了灌溉面积衰减的局面，提高粮食综合生产能力约300亿千克，大中型灌区农田亩均单产比改造前平均提高了约100千克，亩均产量是全国平均水平的1.5~2.0倍。[②] 膜下滴灌、浅埋滴灌水肥一体化技术得到广泛应用，通过与增密等农艺技术结合，取得了区域性大幅度节水、减肥、增粮的成效。

---

① 水轩. 我国耕地灌溉面积增至10.75亿亩，为粮食丰收贡献"水力量"［EB/OL］.（2024 - 12 - 31）［2025 - 02 - 20］. http://www.mwr.gov.cn/xw/mtzs/qtmt/202412/t20241231_1725730.html.
② 康绍忠. 中国农业节水十年：成就、挑战及对策［J］. 中国水利，2024（10）：1 - 9.

表 5 - 1 农田灌溉水利用相关数据

年份	有效灌溉面积（千公顷）	农田灌溉水有效利用系数	耕地灌溉亩均用水量（立方米）
2014	64 539.53	0.530	402
2015	65 872.64	0.536	394
2016	67 140.62	0.542	380
2017	67 815.57	0.548	377
2018	68 271.64	0.554	365
2019	68 678.61	0.559	368
2020	69 160.52	0.565	356
2021	69 609.48	0.568	355
2022	70 358.87	0.572	364
2023	71 573.0	0.576	347

资料来源：根据 2014~2023 年中国水资源公报整理所得。

（三）农业生物资源保护有序推进

农业生物资源保护利用对于维持生态平衡和动态发展具有重要意义。我国积极开展生物多样性保护和有害生物防控，种质资源保护深入推进，长江"十年禁渔"稳步实施，草地贪夜蛾等重大危害外来入侵物种得到有效防控。为了保护珍贵的农业种质资源，我国政府自 20 世纪 50 年代开始实施保护措施。生态环境部数据显示，截至 2024 年，我国已建成由 1 个长期库、1 个复份库、10 个中期库、72 个种质圃和 224 个原生境保护点组成的国家级作物种质资源保护体系，保存作物种质资源 54 万余份，成为世界第二大资源宝库。建有 10 个国家级畜禽资源基因库、1 个家养动物种质资源长期保存库、191 个国家级保种场、25 个国家级保护区，保存了 159 个国家级和 449 个省级品种，还保存冷冻精液、胚胎、体细胞等遗传材料 127 万份。建成了包括 31 家水产遗传育种中心、84 家国家级水产原良种场的水产种质资源保护体系，保存总量 80 万份；我国现有 1 个国家级农业微生物菌种保藏管理中心，长期安全保藏农业微生物 2.3 万份，基本形成了农业微生物种质资源保护体系。[①]《长江流域水生生物资源及生境状况公报（2022 年）》显示，随着长江十年

---

① 杨庆文. 以利用促保护，提升种质资源保护和利用水平 [EB/OL]. (2024 - 04 - 17) [2025 - 02 - 20]. https：//www. mee. gov. cn/zcwj/zcjd/202404/t20240417_1071019. shtml.

禁渔稳步实施，长江流域水生生物资源量呈恢复态势，2022 年长江流域重点水域监测到土著鱼类 193 种，比 2020 年（同监测点位）增加 25 种。[①] 长江干流和鄱阳湖、洞庭湖生物完整性指数均比禁渔前提升两个等级，水生生物多样性有所提升。

二、农业产地环境明显改善

为了提升农业收益，我国长期依赖大量使用化肥、农药和地膜等污染性大的农业投入品，对农业环境造成严重污染。农业产地环境直接影响着农产品的品质以及农村居民的生活质量，因此，优化产地环境就是提升生产力。确保农业生产用水安全，科学施用化肥和农药、加强对地膜等废弃物的回收利用不仅能够有效阻止农业面源污染，提升农业产地环境质量，还能显著改善农业生态环境，增强农业的可持续发展能力。

（一）保障农业生产用水安全

我国农业生产过程中灌溉用水主要来源于地表水，地表水的水质状况不仅直接影响耕地的质量变化，更是决定农产品质量优劣的关键因素。在"十四五"期间，我国为了进一步构建和完善统一的水生态环境监测体系，继"十三五"期间设立的 1 940 个国家地表水考核断面、110 个入海控制断面以及水利部门 4 493 个水功能区断面的基础上，生态环境部于 2020 年 2 月正式印发《"十四五"国家地表水环境质量监测网断面设置方案》，在全国范围内新增 3 646 个国控断面，点位覆盖了全国重要流域干流及主要支流，从而大大扩展了监测范围和精度。2016 年以来，得益于一系列配套国家政策的快速出台和实施，不仅加快了生产、生活等污染源的减排步伐，也加强了水生态系统的保护和修复工作，我国地表水水质显著提升。根据生态环境部发布的《2023 中国生态环境状况公报》数据显示，地表水中Ⅰ～Ⅲ类优良水体比例从 2016 年的 67.8% 稳步上升至 2023 年的 89.4%，上升 21.6 个百分点，其

---

① 《长江流域水生生物资源及生境状况公报（2022 年）》发布：长江流域水生生物资源量呈恢复态势［EB/OL］．（2023 – 10 – 12）［2025 – 02 – 21］．http：//www.moa.gov.cn/xw/zwdt/202310/t20231012_6438134.htm.

中，劣Ⅴ类水体的比例更是从 2016 年的 8.6% 显著下降到 2023 年的 0.7%，下降 7.9 个百分点，水环境治理成效显著（见图 5－2）。①

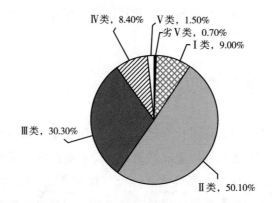

图 5－2　2023 年全国地表水总体水质状况

资料来源：《2023 中国生态环境状况公报》。

（二）推进化肥农药投入品减量

减少化肥和农药的使用对确保粮食安全以及促进农业绿色发展具有重要意义，既提升了农品的品质与安全性，又加强了农村生态环境保护。2015 年开始，农业部启动了到 2020 年化肥使用零增长计划，有效推动了化肥使用量的持续减少和使用效率的提升。随着农业绿色发展的不断推进，科学施肥用药观念得到广泛宣传和贯彻，农民逐渐摒弃了过度依赖化肥农药的观念，转而采用利用率较高的新型化肥农药，实现了农业生产中化肥农药的减量使用。国家统计局数据显示，到 2021 年，全国化肥、农药利用率均超过 40%，使用量已连续 6 年呈负增长。相较于 2015 年，化肥施用量减少了 13.8%，农药使用量减少了 30.5%，绿色防控覆盖率则提高了 22.9%（见表 5－2）。② 病虫害的绿色防控技术得到了广泛应用，尤其是在水稻、小麦和玉米这三种主要粮食作物上，防控覆盖面积达到了 45.2%。为了进一步推进化肥农药减量增效，健全化肥农药减量化机制，农业农村部制定了《到 2025 年化肥减量化

① 生态环境部.2023 中国生态环境状况公报［EB/OL］.（2024－06－05）［2025－02－21］. https：//www.mee.gov.cn/hjzl/sthjzk/zghjzkgb/202406/P020240604551536165161.pdf.

② 中华人民共和国国家统计局.中国统计年鉴 2022［M］.北京：中国统计出版社，2022.

行动方案》和《到2025年化学农药减量化行动方案》，着力实现化肥方面的"一减三提"（减少化肥用量，提高有机肥资源还田量、测土配方施肥覆盖率以及化肥利用率）和农药方面的"一降两提"（降低化学农药用量，提升病虫害绿色防控和统防统治覆盖率）。

表5-2 化肥农药使用减量表

年份	农用化肥施用量（万吨）	农药使用量（万吨）	绿色防控覆盖率（%）
2015	6 022.60	178.30	23.1
2016	5 984.41	174.05	25.2
2017	5 859.41	165.51	27.2
2018	5 653.42	150.36	32.5
2019	5 403.59	139.17	37.1
2020	5 250.65	131.33	41.5
2021	5 191.26	123.92	46.0

资料来源：根据国家统计局网站2015~2021年农业年度数据整理所得。

（三）资源化利用农业废弃物

近年来我国现代化农业高速发展，在提高农产品产量的同时产生了秸秆、农膜、畜禽粪污等大量的农业废弃物，实现农业废弃物资源化能够有效缓解当前我国能源短缺问题，推动农业绿色转型。为提升耕地质量、解决养殖业饲草不足、促进农业减排固碳，2016年，农业部、财政部启动实施秸秆综合利用项目。多年来，中央财政对其持续投资，基本实现秸秆产生大县支持全覆盖，秸秆综合利用水平和能力实现稳步提升。农业农村部数据显示，2023年全国玉米、水稻、小麦、油菜、大豆、棉花等主要农作物的秸秆产生量为8.65亿吨，可收集量7.31亿吨，综合利用率达88.1%。肥料化、饲料化、能源化、基料化、原料化的利用率分别为57.6%、20.7%、8.3%、0.7%和0.8%，形成了"农用为主、五化并举"的利用格局（见图5-3）。[1]这种格局的形成，不仅推动了农业绿色发展，还对改善农村生态环境和保障农民切身利益起到了积极作用。与此同时，废旧地膜等农业废弃物得到了有效回收

---

① 刘趁. 农业农村部：我国形成秸秆多元利用新格局［EB/OL］.（2024-05-09）［2025-02-21］. https：//www. farmer. com. cn/2024/05/09/99953780. html.

处理，重点地区的"白色污染"得到了有效防控。国家发改委、生态环境部2021年印发的《"十四五"塑料污染治理行动方案》中已明确提出，农膜回收率要达到85%，全国地膜残留量实现零增长。目前，全国农膜回收率稳定在80%以上，全国已建设了100个回收重点县，推进标准地膜普及应用，专业化回收，资源化利用。此外，我国通过改进畜禽粪污存储及处理设施装备，推广粪污密闭处理、气体收集利用或处理等技术，探索实施畜禽粪污养分平衡管理，提高了畜禽粪污处理及资源化利用水平。截至2022年底，全国畜禽粪污综合利用率为78.3%。生态环境部等11部门印发的《甲烷排放控制行动方案》提出，到2025年，畜禽粪污综合利用率达到80%以上，2030年达到85%以上。

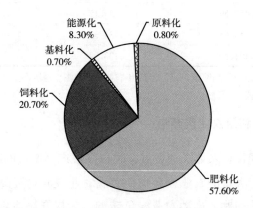

图5-3 秸秆"农用为主、五化并举"的利用格局

三、绿色供给稳步增加

随着经济的快速发展，农产品质量备受关注，人们对绿色优质农产品的需求日益增长，绿色农产品供应的重要性日益凸显。我国通过提升农产品的品种、品质、品牌和生产的标准化水平，实现绿色优质农产品供应的持续增长。农业农村部积极推行包括绿色产品、有机产品、地理标志产品以及符合标准的合格农产品在内的"三品一标"战略，并大力开展高农产品生产基地建设、农产品品质提升、优质农产品消费促进和达标合格农产品亮证等工作。为响应中央一号文件的号召，农业农村部还制定了"3+3"专项实施方案，旨在多个行业和领域内推广标准化生产和品质提升。在《种植业"三品一

标"提升行动实施方案（2022—2025 年）》中明确提出要改善种植管理策略、推广环保且高效的生产技术、科学统筹协调产量与质量关系、优化施肥和灌溉管理、完善产品质量的追溯体系。到 2025 年，种植业"三品一标"基地化肥、化学农药施用量分别减少 10% 以上，节水 10% 以上，并全面实施质量追溯。

提升农产品质量安全水平、增加高品质供给是农业强国的根本要求，也是坚持高质量发展和高水平安全良性互动的具体体现。农业农村部发布的《"十四五"全国农产品质量安全提升规划》提出，到 2025 年，农产品质量安全水平持续稳中向好，农产品质量安全治理能力和绿色优质农产品供给能力稳步提升，基本形成高水平监管、高质量发展的新格局。目前，我国农产品质量安全保持稳中向好发展态势，主要农产品例行监测合格率连续九年维持在 97% 以上。农产品绿色化、优质化、特色化和品牌化水平大幅提升，绿色食品、有机农产品及地理标志农产品供应大幅增长。中国绿色食品发展中心数据显示，截至 2022 年底，中国绿色食品产量为 10 806.2 万吨，产品基地达到 102 个，绿色食品（有机农业）第一、第二、第三产业融合发展园区 41 个。名特优新农产品数量迅速增长，2022 年新增全国名特优新农产品 1 012 个，累计登录产品 3 234 个。纳入名录管理的生产经营主体达到 2 971 家，累计达到 9 083 家。[①] 全国绿色食品、有机农产品的有效用标单位总数达到 27 246 家，产品总数 60 254 个，分别同比增长 10% 和 8.3%。此外，我国已建成绿色食品原料标准化生产基地 748 个，总面积超过 1.68 亿亩，带动近 2 030 万农户发展，统筹农产品初加工、精深加工和副产物综合利用水平稳步提升[②]。

四、农业科技水平持续提升

实现农业绿色可持续发展，核心在于科技创新。为了践行"藏粮于技"的指导思想，我国持续推动农业科技创新，大力发展机械化、绿色化、数字化的现代农业。农业农村部数据显示，我国农业科技进步贡献率从 2014 年的

---

① 周怀宗. 全国绿色食品、有机农产品总数超 6 万 [EB/OL]. (2023 - 06 - 08) [2025 - 02 - 21]. https://m.bjnews.com.cn/detail/168621887914451.html.

② 薛钧君. 进一步擦亮农业发展的绿色底色 [N]. 光明日报，2023 - 09 - 27 (002).

56%提升至2023年的63.2%（见图5-4），农业科技整体水平从世界第二方阵跃升至第一方阵。① 2022年1月，农业农村部发布《"十四五"全国农业农村科技发展规划》，明确提出到2025年努力突破一批制约农业发展的"卡脖子"技术和短板技术，农业领域原始创新能力显著提升，农业科技整体实力保持世界领先地位，农业科技进步贡献率达到64%。

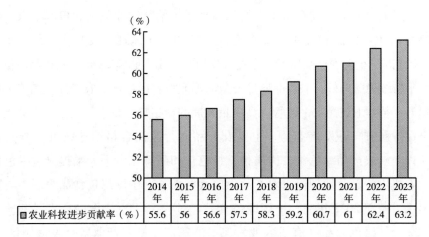

	2014年	2015年	2016年	2017年	2018年	2019年	2020年	2021年	2022年	2023年
农业科技进步贡献率（%）	55.6	56	56.6	57.5	58.3	59.2	60.7	61	62.4	63.2

图5-4　2014~2023年我国农业科技进步贡献率

（一）农业机械保有量和机械化率逐年提升

据《2022年全国农业机械化发展统计公报》的数据，我国农业机械化水平持续增长。在农业机械保有量上，截至2022年底，全国农业机械总动力达到11.06亿千瓦，比上一年增长2.63%。拖拉机拥有量2 144.07万台、配套农具4 029.14万部，其中，大型和中型拖拉机拥有量较上年分别增长了12.47%和4.24%，与大中型拖拉机配套农具数量较上年增长9.65%。粮食作物生产机具如谷物联合收割机、玉米收获机及水稻插秧机的数量也稳定增长，分别为173.11万台、63.80万台和98.79万台，年增长率分别为6.39%、4.49%和2.56%。② 同时，更多先进的大型机械如大马力无级变速拖拉机和大

① 农业农村部：2023年我国农业科技进步贡献率达63.2% [EB/OL]. (2024-07-24) [2025-02-21]. https://news. cnr. cn/native/gd/kx/20240724/t20240724_526811934. shtml.

② 2022年全国农业机械化发展统计公报 [EB/OL]. (2024-06-18) [2025-02-21]. http://www. njhs. moa. gov. cn/nyjxhqk/202406/t20240618_6457395. htm.

喂入量联合收割机也被广泛应用于农业生产之中。此外，植保无人驾驶航空器的数量也显著增长，达到了 13.07 万架，同比激增 33.48%。在农业机械化率上，截至 2022 年底，全国农作物耕种收综合机械化率达 73.11%，较上年提高 1.08 个百分点，其中，机耕率、机播率、机收率分别达到 86.42%、61.91%、66.56%。我国小麦、玉米、水稻等主要农作物耕种收综合机械化率分别超过 97%、90% 和 86%，较 2021 年分别提高 0.26%、0.6%、1.27%（见表 5 - 3）。

表 5 - 3　　　　　　　　　主要农作物耕种收综合机械化率

作物	2022 年耕种收综合机械化率（%）	较 2021 年提高（%）
小麦	97.55	0.26
水稻	86.86	1.27
玉米	90.60	0.60
大豆	87.95	0.91
油菜	65.62	3.70
马铃薯	53.34	2.58
花生	67.05	1.40
棉花	88.50	1.25

资料来源：《2022 年全国农业机械化发展统计公报》。

（二）农业科技攻关取得重大突破

我国农业重点领域科技攻关在重大新产品、新技术、新装备取得一系列新突破。为了助力种业技术创新，我国自 2021 年起实施"种业振兴行动"，开展有史以来规模最大的农业种质资源普查和种质资源库建设，为种业自主创新提供了坚实平台。近年来，一批具有全球竞争力的优质新品种不断涌现，如"宁香粳 9 号"水稻、"中麦 5051"小麦、华西牛等。我国农作物良种覆盖率在 96% 以上，自主选育品种占 95%，这些良种对我国粮食产量的增长贡献率超过了 45%。① 特别是水稻和小麦这两种主要粮食作物，我国已实现了

---

① 常钦，毕京津，高云才. 全国农业科技进步贡献率超 60%，耕种收综合机械化率达 71%[N]. 人民日报，2021 - 07 - 19（001）.

自给自足，杂交水稻的单亩产量甚至突破了 1 000 千克，保持了国际领先地位。此外，我国还成功研发了适用于盐碱地的水盐调控技术和针对黑土地区的快速培肥技术，分别推广了 2 000 万亩和 800 万亩土地，显著提高了这些地区的土地利用效率。与此同时，借助北斗导航系统，我国在稻麦生产中实现了高效的"无人化"作业，进一步提高了农作物生产的自动化和精准化水平。

第二节　我国农业绿色发展的机遇与现实障碍

一、我国农业绿色发展的机遇

随着生态文明建设和乡村振兴战略的不断深化，农业绿色发展站在了一个新的历史起点，日益成为社会各界所广泛关注的重要领域。农业绿色主体带动能力的增强、绿色农产品市场需求的快速增长、农业绿色科技革命的持续推进、政策环境的不断优化为新时代农业绿色发展带来了前所未有的发展机遇。

（一）农业绿色主体带动能力不断强化

随着绿色发展理念的深入人心和绿色生产技术的广泛应用，农业绿色发展主体的带动能力日益增强。自 2013 年中央一号文件明确提出要积极培养新型农业经营主体以来，各类新型农业经营主体保持良好发展势头，质量效益稳步提高，服务带动效应持续增强。农业农村部数据显示，截至 2023 年 10 年月末，我国纳入全国家庭农场名录管理的家庭农场已超过 400 万个，依法登记的农民合作社 221.6 万家，组建联合社 1.5 万家。全国超过 107 万个组织开展农业社会化服务，服务面积超过 19.7 亿亩次，服务小农户 9 100 多万户①。

一方面，以绿色生产技术为支撑的新型经营主体规模不断扩大。农资企

---

① 农业农村部. 新型农业经营主体保持良好发展势头 [EB/OL]. (2023 - 12 - 19) [2025 - 02 - 21]. http：//www. moa. gov. cn/ztzl/2023fzcj/202312/t20231219_6442993. htm.

业如隆平高科和大北农等通过不断推进品牌与技术创新，显著提升了产品质量和市场竞争力，增强了与用户之间的黏性，在行业内树立了领导地位。新型经营主体的崛起改变了传统农业生产模式，促进了农业绿色生产技术的广泛应用，成为推动农业绿色发展的新型力量。新型经营主体通过规模经营、集约化生产提高了农业劳动生产率，降低了农业生产成本，并还带动了小规模农户向绿色生产技术的转型。此外，新型农业经营主体还积极探索区块链的应用，以此推动整个农业生态的现代化。规模较小的农户和企业也能依托新型农业经营主体通过区块链技术接触到先进的技术资源，融入更广泛的市场网络，从而共享区块链技术带来的发展机遇。区块链技术的普及和应用为农户打开了新的发展窗口，提高了他们的农业生产能力，加速了农业产业的整体绿色转型。

另一方面，绿色农业产品、技术与服务不断向乡村推广。随着农业绿色发展政策环境不断优化，绿色农业科技产品、技术和服务在乡村地区得到广泛应用，提高了农业资源利用效率，减少了农业活动对环境的不良影响。同时，专为农民设计的绿色农业技术教育和服务也正在快速发展。通过培训和教育，帮助农民掌握先进的绿色种植技术，增强他们在推动农业环境保护进程中的能力和自主性，从而使其更有效地参与到农业绿色发展的实践中。

（二）农业绿色产品市场体系持续完善

供需关系是经济发展最基本的关系，需求要靠生产来满足，生产要靠需求来拉动。目前，我国的农产品总体产量稳定，完全能够满足国内外市场的需求。其中，粮食、肉类、水产以及蔬果等不仅总量位居全球前列，人均拥有率也超过全球平均水平。虽然我国生产的农产品总量充足，但绿色优质农产品供给却跟不上社会需求。随着我国从长期面临供给短缺转变为现在的供给充裕，城乡居民消费加快向绿色、健康、安全方向升级，农产品需求从"吃得饱"向"吃得好""吃得营养健康"转变，为发展绿色优质农产品提供了广阔空间。京东网站数据显示，绿色、有机之类标签在农产品消费者搜索中的比重显著增加，2023 年的搜索量是 2022 年同期的 2.5 倍。

农产品市场体系的不断完善有利于推动绿色农产品市场持续拓展。由于绿色农产品与普通农产品在外观上往往难以区分，从而给一些生产者提供了以次充好、以假乱真的机会，严重损害了绿色消费者的利益，并阻碍了绿色农产品市场的健康发展。因此，严格农产品认证行为，严把认证准入门槛，强化证后监管，提升认证权威性和公信力，能够让消费者可以简单、迅速、清晰地区分绿色农产品与一般农产品。农产品质量安全全程追溯体系的建立将绿色农产品全部纳入追溯管理，进一步提升了消费者对绿色农产品的信任度。此外，绿色品牌的建立有利于绿色农产品实现优质优价。农业绿色品牌的培育行动打造了一大批知名度、美誉度和市场竞争力强的绿色农产品知名品牌，让品牌成为了吸引消费者的金字招牌，扩大了绿色农产品的市场影响力。随着农产品生产流程的标准化和高端食品检测的常态化，绿色农产品的优质优价将成为市场发展趋势。这一发展趋势将进一步激活绿色农产品生产带来的投资拉动效应，从而释放农业绿色发展的巨大潜力。

（三）农业绿色科技革命的持续深化

农业绿色发展是一场以绿色科技为核心驱动的农业变革，各地农业绿色生产行动逐渐展开。为了在保护生态环境的前提下推进农业生产，农业领域的绿色科技创新持续加速，确保了农业绿色发展战略的有效实施。

在全球农业科技革命不断演进的当下，绿色化、集约化和效率化已成为发展的核心趋势，生物技术和信息技术正推动着这一轮革命的持续深化。新型化肥农药等病虫害防控技术、畜禽粪污收集还田利用技术、粪污专业化能源利用技术、固体粪便堆肥利用技术的研发与应用，流域面源污染治理技术、水体生态修复技术和土壤污染监控预警、风险管控、治理修复等技术研发取得了重大突破，为减轻农业资源消耗、缓解农业面源污染作出了突出贡献。加速节水技术、加工技术、仓储流通技术等实用技术在农业绿色发展中推广与应用，尤其是互联网、大数据、云计算等信息技术与现代农业的深度融合，为农业绿色发展提供了强有力的技术支撑。此外，我国还构建了海洋天气、气候系统有关领域的观测、业务和科研体系，发展了中国自己的全球和区域数值预报模式系统并投入业务试验，建立了较为完善的多级气候灾害预警、防御和服务技术系统。农业绿色科技在实践中积累的经验为我国农业绿色发展增添了助力。

（四）农业绿色发展的政策支持日益完善

2016 年，农业绿色发展概念在中央一号文件中首次被正式提出，并在此后文件中得到进一步阐述。2017 年，中央及国务院首次发布专门针对农业绿色发展的文件，提出了从资源保护到产地环境治理的多方面具体要求与策略。2018 年，《乡村振兴战略规划（2018－2022 年）》对农业绿色发展进行了具体阐述，并指明了未来几年的实践方向。2021 年，农业农村部、国家发展改革委、科技部、自然资源部、生态环境部、国家林业和草原局联合印发了《"十四五"全国农业绿色发展规划》，这是我国首部农业绿色发展专项规划，具有里程碑式的意义。自实施乡村振兴战略以来，中央一号文件多次提出要推进国家农业绿色发展先行区建设，农业农村部办公厅等五部门联合印发了《建设国家农业绿色发展先行区—促进农业现代化示范区全面绿色转型实施方案》，建成了一批农业绿色发展综合试验平台，启动了国家农业绿色发展数字技术体系建设等。

新时代的农业绿色发展得到了政策和法律的大力支持。随着乡村振兴战略的实施，农业、农村和农民的问题得到了社会的广泛关注，更多的资源和政策开始向农村地区倾斜，农业绿色发展的政策法律环境在不断完善和优化。首先，农业绿色发展领域的立法和执法力度得到加强。我国已将碳达峰、碳中和目标纳入农业绿色发展规划，明确绿色发展的目标和路径，相关法律法规也在不断修订和完善，以加强对农业绿色发展的支持和保障。其次，公共财政对农业绿色发展的支持力度不断加大。政府通过调整支出结构，增加对农业绿色发展的财政投入，引导和鼓励社会资本参与农业绿色发展项目，为农业绿色发展提供有力支持。再次，农业绿色金融产品体系不断创新。金融机构结合农业绿色发展的需求，研发和推广绿色金融产品为农业绿色发展提供金融支持，从而降低农业绿色发展的融资成本、提高农业企业的绿色发展积极性。最后，农产品生产与市场交易体系在不断完善。政府加强对农产品市场的监管，建立健全农产品质量安全体系，保障绿色农产品的生产和消费。同时，通过培育农产品品牌提升绿色农产品的市场竞争力、促进农业绿色产业的可持续发展。通过加强立法、执法力度，加大公共财政支持，创新绿色金融产品以及完善农产品生产与市场交易体系来保障我国农业绿色发展朝着预期目标有序推进。

二、我国农业绿色发展的现实障碍

(一) 自然资源要素短缺

自然资源是农业绿色发展和人类生存的重要物质基础，合理开发、利用和保护自然资源是人类生存发展面临的永恒主题。改革开放走过了波澜壮阔的40余年，我国农业发展取得巨大成就，但我国的"人多地少水更少"资源禀赋格局严重制约着我国农业绿色发展。

1. 耕地资源总量不足且质量参差不齐。耕地资源是农业绿色生产中基础要素，直接影响着农产品供给的数量和质量。我国耕地的分布和质量呈现显著的不均匀性，具体表现为人均耕地面积少、高质量耕地稀缺、土地总量多但可供开发利用的耕地有限。这种典型的人地矛盾严重影响了农业绿色发展的潜力和生产规模。

2006年以来，我国在守住"18亿亩耕地红线"政策目标上取得了显著成效，截至2022年底，全国的耕地总面积达到了19.18亿亩。然而，可用于耕种的潜在土地资源正在逐渐减少。随着工业化和城市化的快速推进，许多耕地被用于建设项目，进一步加剧了中国土地资源的紧张状况。第三次全国国土调查结果显示，中国人均耕地面积在逐年下降，从2012年的1.497亩/人减少至2022年的1.36亩/人，不足世界平均水平的40%。①

在现代农业领域，确保耕地的质量不仅直接关系到农产品的产量和质量，也是推动农业持续发展的重要环节。我国人口众多而土地资源相对有限，传统的粮食生产往往依赖于高强度的耕作和资源投入，从而不可避免地导致了耕地质量的普遍下降。具体表现为中低产田比例高、土地退化严重、污染问题突出、有机物质匮乏以及新补充耕地的质量偏低等。根据2014年和2020年发布的《关于全国耕地质量等级情况的公报》和《2019全国耕地质量等级情况公报》，尽管我国耕地质量总体呈现改善趋势，但评价为7~10等的耕地仍高达约5亿亩，占总耕地面积的1/4左右（见表5-4）。这些耕地基础地

---

① 袁为海，张艳丽. 深入践行大农业观［EB/OL］.（2024-10-30）［2025-02-20］. https://m.12371.gov.cn/content/2024-10/30/content_476238.html.

力相对较差、生产障碍因素突出，且在短期内难以获得有效改善。分区域来看，不同地区的耕地面临的主要问题也各有不同。东北地区的黑土区的主要问题是黑土层变薄和流失以及土壤有机质不足；华北以及黄淮平原的土地耕层变浅，且部分地区存在严重的土壤盐渍化；长江中下游的水稻土区，土壤酸化和潜在的育化风险较大，部分地区还有严重的重金属污染；西北地区的灌溉及黄土型旱作农业区，除了土壤盐渍化外，还面临沙化和地膜残留污染等问题。

表5-4　　　　全国耕地质量等级面积比例及主要分布区域变化

耕地质量	2014 年			2019 年		
	面积（亿亩）	比例（%）	主要分布区域	面积（亿亩）	比例（%）	主要分布区域
一等地	0.92	5.1	东北区、黄淮海区、长江中下游区、西南区	1.38	6.82	东北区、长江中下游区、西南区、黄淮海区
二等地	1.43	7.8	东北区、黄淮海区、长江中下游区、西南区、甘新区	2.01	9.94	东北区、黄淮海区、长江中下游区、西南区
三等地	2.63	14.4	东北区、黄淮海区、长江中下游区、西南区	2.93	14.48	东北区、黄淮海区、长江中下游区、西南区
四等地	3.04	16.7	东北区、黄淮海区、长江中下游区、西南区	3.5	17.3	东北区、黄淮海区、长江中下游区、西南区
五等地	2.89	15.8	长江中下游区、黄淮海区、东北区、西南区	3.41	16.86	长江中下游区、东北区、西南区、黄淮海区
六等地	2.25	12.3	西南区、长江中下游区、黄淮海区、东北区、内蒙古及长城沿线区	2.56	12.65	长江中下游区、西南区、东北区、黄淮海区、内蒙古及长城沿线区
七等地	1.89	10.3	西南区、长江中下游区、黄淮海区、甘新区、内蒙古及长城沿线区	1.82	9	西南区、长江中下游区、黄土高原区、内蒙古及长城沿线区、华南区、甘新区

续表

耕地质量	2014 年			2019 年		
	面积（亿亩）	比例（%）	主要分布区域	面积（亿亩）	比例（%）	主要分布区域
八等地	1.39	7.6	黄土高原区、长江中下游区、西南区、内蒙古及长城沿线区	1.31	6.48	黄土高原区、长江中下游区、内蒙古及长城沿线区、西南区、华南区
九等地	1.06	5.8	黄土高原区、内蒙古及长城沿线区、长江中下游区、华南区、西南区	0.7	3.46	黄土高原区、内蒙古及长城沿线区、长江中下游区、西南区、华南区
十等地	0.76	4.2	黄土高原区、内蒙古及长城沿线区、黄淮海区、华南区、长江中下游区	0.61	3.01	黄土高原区、黄淮海区、内蒙古及长城沿线区、华南区、西南区

资料来源：《关于全国耕地质量等级情况的公报》和《2019 全国耕地质量等级情况公报》。

2. 水资源缺乏且利用率不高。水资源是农业绿色发展中的关键要素，直接影响着农田的生态环境。中国面临着严重的干旱和水资源短缺问题，被联合国归类为贫水国。尽管 2023 年中国的水资源总量达到了 25 782.5 亿立方米，位居世界前列，但其人均水资源占有量仍然低于全球平均水平。随着经济增长、人口增加及消费模式的变化，我国的水资源的需求不断上升。《2023 年中国水资源公报》显示，2023 年的全国用水总量为 5 906.5 亿立方米，相比 2000 年增加了 7.43%。尤其在农业领域，虽然政府实施了包括农业水价综合改革、用水计量统计与节水监管等多项政策，农业用水的效率有所提升，但农业用水依然占全国总用水量的 62.2%，高达 3 672.4 亿立方米。[①] 此外，我国水资源的空间分布极不平衡，导致各地区农业生产能力悬殊。例如，南方地区水资源虽然丰富，但其耕地却相对较少。而北方地区拥有全国 64.1% 的耕地，但水资源仅占全国总量的 19%。水资源与耕地的不平衡分布将导致未来农业用水的压力进一步增加，并对农业绿色发展构成重大挑战和制约。

---

① 水利部. 2023 年中国水资源公报［EB/OL］.（2024 – 06 – 14）［2025 – 02 – 20］. http：//www.mwr.gov.cn/sj/tjgb/szygb/202406/t20240614_1713318.html.

我国不但水资源总量缺乏，而且农业用水效率不高。2023年，我国农田灌溉水有效利用系数为0.576，虽然已超过了《全国水资源综合规划》《水污染防治行动计划》中设定的2020年目标0.55，但与发达国家0.7～0.8的水平相比依旧有较大的提升空间。目前，我国大部分农业用水都用于农田灌溉，因此，灌溉系统的粗放管理和低效使用导致水资源短缺的问题进一步加剧，形成了对国家粮食安全构成威胁的负面循环。此外，还有些地区使用未达到环保标准的污水直接灌溉农田，这种做法虽然看似提高了水的再利用率，但实际上却导致了农作物重金属含量超标，并对土壤和周边环境造成了重金属污染，损害了粮食质量安全和产地生态安全。

（二）农业面源污染问题突出

在农业生产活动中，过量使用农药和化肥会造成土壤污染，焚烧农作物剩余的秸秆不但会污染大气，还会加剧土壤中氮、磷、钾的流失。畜牧业产生大量粪便未经处理直接排放会严重污染水源，温室农业产生的塑料等废弃物也会对环境造成负担。由于农村地区独特的自然和人居环境，污染一旦发生就会引发土壤、水体和大气的交叉污染。农业农村环境的恶化不仅限制了农业由数量向质量效益转型，而且威胁到了人类健康和农业的持续发展。

1. 土壤污染。土壤是农业生产的基础，但化肥、农药和农膜等投入品的不当使用会导致土壤污染。虽然近年来我国农业发展方式有所改善，但化肥农药的投入量依然较大。以化肥施用为例，根据国家发改委历年《全国农产品成本收益资料汇编》的相关统计，我国三大主粮生产的亩均化肥施用量由1992年的16.6千克增至2022年的25.61千克，30年亩均化肥施用量累计增幅达到54.28%。远远超过了全球公认的每亩15千克的环境安全上限标准。[①]连年化肥农药的过量使用，对土壤带来了多种危害。一方面，单元素化肥的过量使用不仅会导致土壤中氮、磷、钾等元素的过量积累，破坏土壤的营养平衡，还可能引发土壤板结、肥力减少。而为了提升肥力、增加农业产量，农民往往会进一步加大化肥施用量，从而形成土壤污染的恶性循环。另一方面，长时间大量施用农药虽然能杀死害虫，但是也可能破坏土壤中益生微生

---

① 孔祥智，谢东东. 农业新质生产力的理论内涵、主要特征与培育路径［J］. 中国农业大学学报（社会科学版），2024，41（4）：29-40.

物的平衡，积聚有毒金属和病原菌，这些有害物质通过食物链最终进入人体，对公共健康构成威胁。此外，塑料农膜在农业中的广泛使用也引发了土壤污染问题。《中国统计年鉴2023》数据显示，2022年我国农用塑料薄膜使用量为237.5万吨、地膜使用量134.2万吨，分别比2021年增长0.7%和1.7%。① 虽然我国农膜的平均回收率已达到80%以上，但一些地区的农田中依然存在废旧农膜就地丢弃、掩埋等现象，这些百年不腐烂的农膜残留在土壤中，不仅会影响作物根系的生长，还可能由于土壤板结而阻碍作物对水分和营养的吸收，从而降低作物的产量和质量。

2. 水体污染。水体污染是农业污染中的突出问题，而农田排水则是主要的水体污染来源之一。农田地表径流带走了土壤中的化肥和农药，将它们输送到附近的河流、湖泊和水库。这些营养物质在水体中会引发富营养化问题，导致鱼类死亡、水质恶化，甚至产生有毒藻类水华，阻碍水生生态系统的正常运作。养殖业的畜禽粪污排放也是水质污染的源头。农业农村部数据显示，我国畜禽粪污产出量已达到年40亿吨以上，虽然畜禽粪污综合利用率已达到78.3%，但还是会有大量的饲料残留物、废水和排泄物直接排放，这些排放物富含氮和磷，对水生生态系统产生负面影响。特别是在集中养殖场，废水排放可能引发大规模水质污染。除了污染地表水外，农业生产过程中农药化肥的超量也会入侵和污染地下水。相较于南方地区，我国北方地区降水较少，部分地区主要依赖地下水，过量地施用氮肥已经导致一些地区的地下水发生了硝酸盐污染。这些被污染的水体如果不加处理就作为农业用水灌溉回田，将会导致有害物质残留在作物上，影响到农产品的质量和安全性，降低市场价值。长期食用可能对人体健康造成危害，如引发慢性中毒、增加患癌症的概率等。

3. 大气污染。大气污染对农业生产也造成了严重影响，当大气中的污染物浓度超过大气的自净能力时，就会直接或间接地损害农作物。大气污染会使植物生理机制受压抑，生长不良，抗病虫能力减弱，甚至死亡。大气污染物还会使雨水酸化，形成酸雨损坏植物叶面，造成森林草地枯萎，破坏土壤成分，使农作物减产甚至死亡。目前，农业中的大气污染主要源于化肥农药的喷洒和秸秆焚烧。现有的农药和化肥施用方法，如喷雾、喷粉、扬撒等，存在高达70%的损失率。这些损失的农药、化肥中所包含的氮和甲烷等挥发

---

① 中华人民共和国国家统计局. 中国统计年鉴2023 [M]. 北京：中国统计出版社，2023.

性有机化合物最终会不断积累，对空气质量和温室气体产生影响。农业农村部数据显示，我国每年产生秸秆将近 9 亿吨，秸秆综合利用率 88%，有将近 1 亿吨的秸秆直接焚烧。焚烧秸秆时，空气中二氧化硫、二氧化氮和可吸入颗粒物等污染物达到高峰。这些颗粒物当浓度达到一定水平时，会严重刺激人体的眼、鼻及喉部，引发诸如咳嗽、胸闷和流泪等症状，甚至可能导致支气管炎发生。而且秸秆焚烧也会入地三分，地表中的微生物被烧死，加重土壤板结、破坏地力、加剧干旱，从而影响农作物的生长和增产。

（三）生态环境破坏严重

生态环境破坏是人类社会活动引起的生态退化及由此衍生的环境效应，导致了环境结构和功能的变化，对人类生存发展以及环境本身产生不利影响的现象。农业生态环境在广义上是指直接或间接影响农业生存和发展的土地资源、水资源、气候资源和生物资源等各种要素的总称，是农业生存和发展的前提。农业是一个生态产业，农业生态环境与农业生产和农村发展紧密相关。

1. 土地退化问题严重。土地退化是指人类活动、自然因素或两者共同作用导致的对土地内部结构、理化性质的破坏和改变，进而使土地环境恶化并逐步减少或丧失其原有的综合生产能力的过程。土地退化可分为多个类型，包括土地的沙化与荒漠化、盐碱化、水土流失和土壤肥力下降。

中国是受土地沙化和荒漠化最严重的国家之一，第六次全国荒漠化和沙化调查结果显示，截至 2019 年，全国荒漠化土地面积 257.37 万平方千米，占国土面积的 26.81%；沙化土地面积 168.78 万平方千米，占国土面积的 17.58%；具有明显沙化趋势的土地面积 27.92 万平方千米，占国土面积的 2.91%。[①] 我国是全球第三大盐碱地分布国家。我国盐碱地涉及 17 个省份，以东北、华北、西北地区及滨海地区为主，面积约 99.13 万平方千米，约占国土面积的 10.32%，其中大部分为盐碱荒地，仅有 1/5 左右为耕地。[②] 近年来，我国在防治水土流失方面取得了显著成果，但形势依然严峻。《2023 年

---

① 昝国盛，王翠萍，李锋等. 第六次全国荒漠化和沙化调查主要结果及分析［J］. 林业资源管理，2023（1）：1 - 7.

② 梅隆，刘自艰. 从"治理"到"适应"，重新认识盐碱地的价值［N］. 农民日报，2022 - 07 - 09（008）.

中国水土保持公报》公布的数据显示，全国共有水土流失面积262.76万平方千米，占我国国土面积的27.4%。按侵蚀类型分，水力侵蚀面积107.14万平方千米，占水土流失总面积的40.77%；风力侵蚀面积155.62万平方千米，占水土流失总面积的59.23%。按侵蚀强度分，轻度、中度、强烈、极强烈、剧烈侵蚀面积分别为172.02万平方千米、42.33万平方千米、18.31万平方千米、14.53万平方千米、15.57万平方千米，分别占全国水土流失面积的65.46%、16.11%、6.97%、5.53%、5.93%（见图5-5）。[①] 此外，化肥、农药、农膜等投入品的使用过量对土壤造成化学污染，耕地的土壤结构遭到破坏，营养元素加速流失，作物病虫害增加，土壤可持续利用水平下降。严重的土地退化是我国生态恶化的集中反映，威胁着国家生态安全、饮水安全、防洪安全和粮食安全，制约山地和丘陵区，影响全面小康社会建设进程。

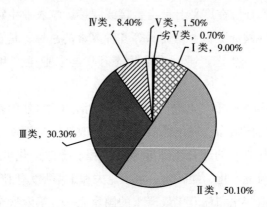

图5-5　2023年水土侵蚀剧烈程度占比

资料来源：《2023年中国水土保持公报》。

2. 水生态平衡被打破。水是生命之源，也是生态系统的重要组成部分。农业面源污染导致水体中出现大量的有害物质，如重金属、有机物和化学物质等对水生生物造成严重危害，直接影响到它们的生存和繁衍能力。例如，水中过量的重金属离子会破坏鱼类和其他水生生物的生理功能，导致它们生长缓慢、免疫力下降甚至死亡。而有机物和化学物质的存在则会干扰水生生物的生殖过程，影响它们的繁衍能力。如果食物链中某个层级的物种数量减

　① 水利部.2023年中国水土保持公报 [EB/OL]. (2024-03-01) [2025-02-20]. http：//www.mwr.gov.cn/sj/tjgb/zgstbcgb/202403/t20240329_1708287.html.

少，将会引起更大规模的生态失衡。例如，水体中毒性较高的污染物质进入水生食物链，导致掠食者数量减少，进而使得其被掠食者种群数量急剧增加，破坏了整个生态系统的平衡状态。此外，农业径流中的养分（如氮、磷等）会随水流进入水体，导致水体富营养化，引发藻类等浮游生物大量繁殖，产生赤潮等灾害。水体富营养化在静态和封闭水域中尤其严重，有研究表明，当湖泊或水库中水体氮含量超过 0.2mg/L、磷酸盐浓度大于 0.01mg/L 时，就会出现有害藻华。有害藻华可能会威胁某些鱼类和水底植物生存，破坏水生生态系统。

3. 农业生物多样性受到威胁。农业生物多样性是指与农业生产相关的全部生物多样性，农业生态中的农作物、杂草、动物和微生物等都是生物多样性的重要组成部分。农业生物多样性是生态环境质量的重要指标，更是生态系统稳定性的保障。

中国是世界上 12 个生物多样性特丰国家之一。但人口的快速增长和城市化进程的加快使我国的农业生物多样性面临着严重威胁。整体而言，生物物种的总数每天都在缩减，濒危及灭绝的速度仍在持续增加。在植物品种上，生态环境部和中国科学院联合发布的《中国生物多样性红色名录 - 高等植物卷（2020）》评估结果显示，高等植物受威胁物种共有 4 088 种，占比10.39%。[①] 许多曾广泛种植的品种每年以 15% 的速度减少，众多农作物种质资源不得不在实验室和种子库中保存，许多野生及半野生的种类几乎在自然环境中绝迹。在动物品种上，我国濒危和濒临灭绝的地方畜禽品种约占地方品种总数的 18%，其中处于濒危的 15 个，濒临灭绝的 44 个，已灭绝的 17个。[②] 长江流域曾经数量庞大的"四大家鱼"种苗产量已从高峰时的三百亿尾骤降至四亿尾，捕捞量也不足最高时期的 1/4。云南的淡水鱼类中，有 1/3的种类濒临灭绝，而湖泊鱼类更是有 2/3 的种类已经绝迹。南方稻田生态系统中原本丰富的生物类群，如水生生物、昆虫、两栖动物、蚯蚓及植物类如藻类和杂草等数量和种类均在减少。特别是对农业有益的生物，如捕食害虫的鸟类、蛇类和昆虫等种群数量正快速缩减，而以鼠类为典型的有害生物种群却密度飙升，引发了更加频繁和严重的农林病虫害问题。此外，外来物种

---

① 张璐. 新版《中国生物多样性红色名录》发布，哪些动植物"降级"了？[EB/OL]. (2023 -02 -22) [2025 -02 -20]. https：//www. bjnews. com. cn/detail/168474116214912. html.

② 王京臣. 全国政协委员昝林森：切实加强我国地方畜禽遗传资源保护和创新利用 [EB/OL].(2023 -03 -05) [2025 -02 -20]. https：//www. cnfood. cn/article？id =1632266013373468674.

的入侵问题也在不断加剧。2021 年 5 月发布的《2020 中国生态环境状况公报》显示，中国境内的外来入侵物种已达 660 多种，其中，71 种对自然生态系统已造成或具有潜在威胁并被列入《中国外来入侵物种名单》，每年给国家造成高达 2 000 亿元的直接经济损失。[①]

（四）农业绿色产业链不够完善

自 2012 年起，我国的农业绿色发展水平不断提升，部分地区的绿色发展指数已经超过了 85%。这种从传统农业向绿色农业的转型不仅提升了农业资源的使用效率，同时也促进了农业生态和经济价值的全面提升。然而，这一转型也面临着诸多挑战，传统农业合作机制较弱、产业链较短等因素严重影响了农业绿色产业链的发展，具体表现在产业链资源利用效能不高、产业链协作不够有效、小型经营者难以融入以及产业链增值效应不强等问题。

1. 产业链资源利用效能不高。加强顶层规划设计是优化农业绿色产业链的关键。在实现碳中和与碳达峰的双重目标下，农业部门必须以环境承载能力为基础，平衡生态保护与农作生产之间的关系，对农业产业链进行合理的规划与组织。目前，我国农业产业链面临产业整合不充分、链条各节点匹配度不高、资源消耗大等难题，提高了生产和生态保护之间的协调难度。一方面，农业产业链的内部协同性不足，导致链条各环节连接不顺畅、资源利用效率低、农业面源污染问题突出，从而增大了农业的碳排放量；另一方面，农业产业链的建设尚不完善，经济效益和生态效益难以均衡发展。农业产业链资源主要集中在生产阶段，而加工、品牌塑造等后续环节发展相对滞后限制了农业产值的进一步提升。在农业生产过程中，缺乏高效的绿色技术和智能设备的广泛应用，导致农业资源开发利用大多停留在初级阶段，资源使用不足和能源浪费现象严重，大量生产和生活废弃物的产生严重影响了农村的生态环境。

2. 产业链缺乏高效、畅通的协同机制。与传统农业模式不同，农业绿色产业链的构建需要广泛采用智慧和绿色技术，对农业绿色市场进行精细化需求分析，合理地配置资源并解决产业链融合中遇到的挑战，以确保绿色农产品在满足市场需求的同时提升其经济价值和绿色收益。然而，在推动农业绿

① 孔德晨. 向外来物种入侵说"不"[N]. 人民日报海外版，2022 - 09 - 11 (011).

色全链条发展中存在一些问题。首先，农业产业的发展缺乏整体协调性，技术、资金和配套产业之间的联动不足，使得绿色农业产业链支持体系不够健全。其次，普通农户和合作社在产业链中往往只参与基础农产品的生产，缺乏足够的议价权和加入产业链的积极性，因而往往无法从绿色农业的附加值中获得更多收益。此外，实现绿色生产需要农户投入新技术和减少化肥及农药的使用，增加了"绿色成本"，高成本和市场价格之间的不匹配又会削弱农户的绿色生产意愿，进而影响产业链的稳定性。最后，农业绿色产业链在消费、加工与生产环节之间缺乏有效的协同，阻碍了绿色农产品供需的有效对接，不利于农业绿色产业链的长远发展。

3. 产业链融合增值效应不强。我国农业产业资源的分布较为分散，且整体加工能力不强，尤其是缺乏能够引领市场的龙头企业。这不但削弱了对农业的整体拉动作用，还限制了绿色农业技术和装备的广泛应用，影响农业向绿色且高效的链条化发展模式的转变。农业绿色市场中大型龙头企业缺乏的原因主要有三个方面。其一，缺少完善、细致的利益分配机制。绿色农业的产业链包括从生产到加工再到销售的多个阶段，涵盖了不同大小的农户、合作社以及龙头企业。由于科学的利益分配体系尚未形成，产业链各环节间的利益分配失衡，直接影响到了产业链的整体稳定性。以乳制品行业为例，奶农与乳品公司之间未能建立起平等的利益共享机制，不仅增加了乳品控制质量的难度，也阻碍了整个奶业链的发展和市场竞争力。其二，未能形成精准定位、多元开发的链条形态。农业绿色发展在农作物种植的基础上，还可扩展至旅游、文创等多领域，实现农业绿色产业链的有效融合，以发挥农业的综合效益。然而，目前大多数区域的农业仍旧停留在原料生产和初步加工阶段，缺乏如生态农业、智慧农业的更高级形态，因而难以产生较高的经济效益。其三，缺少市场化、品牌化的产业经营理念。目前大部分地区的农业品牌建设相对落后，市场上小而散的品牌难以形成有效的市场影响力，不利于形成强有力的产业链主体。

（五）农业绿色科技支撑不足

农业现代化的关键是农业科技现代化。当前，我国农业绿色科技实力持续提升、国际竞争力明显增强，为农业绿色发展提供了强劲动能。但从全面塑造创新力更强、竞争力更大、供给更安全的农业绿色发展新优势的角度而言，我国在农业绿色科技方面仍面临一些挑战与不足。

1. 农业绿色科技的产业支撑能力较弱。我国的农业绿色科技供给来源以高等院校、科研院所为主，科研院所和高等院校更注重技术和理论的创新，导致一些科研成果没有从农业绿色产业链的实际需求出发，致使农业绿色科技供给与农业绿色产业链科技需求脱节。我国每年约有 6 000 项农业科技成果面世，但成果转化率仅 40% 左右，同发达国家相比存在较大差距，亟须突破农业科技成果转化的"瓶颈"。① 虽然我国地市以上的农业科研机构有 1 000 多个，数量较多，但其市场意识较工业领域都还很弱，产业开发还处于初始阶段，没有发展成实力雄厚的农业经济实体，没有形成科研、生产、加工、销售一体化。农业绿色科技创新链与农业绿色产业链融合不够，难以为加快实现农业绿色产业基础高级化、农业绿色产业链供应链现代化提供强有力的科技支撑。

2. 农业绿色科技人才支撑力度不足。农业绿色发展依赖于专业人才的支持，农业科技专家通过他们的专业知识、技能与创造力，积极推进农业可持续发展。《农科智库要报》（2023）数据表明，我国高水平农业科学家比例是 0.049‰，相较于美国 0.738‰ 的比例，明显偏低。② 目前，我国在高水平农林人才的培养过程中依旧以传统型人才为主，缺乏综合性和应用型人才，且整体素质不够理想，创新型高层次人才短缺。此外，当前的利益分配机制难以激发科技人员的工作热情。农业科研成果转化虽然可以带来显著的经济效益和社会效益，但对于科研推广机构及工作人员而言，能得到的直接经济回报却十分有限。加之农业研发机构中缺乏有效的竞争机制，相对较低的投入产出比例进一步削弱了研发人员的积极性和动力，对推动农业绿色科技的进步产生了负面影响。

3. 农业绿色高新技术的创新能力缺乏。全球新一轮的农业科技变革正推动着我国农业朝着现代化迈进，生物技术、基因工程以及信息技术等新兴科技被积极引入农业研究和生产领域。尽管如此，我国在高新技术的研究开发上仍处于初级阶段，且尚缺乏突破性的原创成果。自 2012 年以来，我国农业

---

① 柯文. 乡村振兴要依靠藏粮于技 [N]. 科技日报，2022 - 03 - 12 (004).
② 尤亮，田祥宇. 农业新质生产力的现实逻辑，什么是农业新质生产力？[EB/OL]. (2024 - 08 - 27) [2025 - 02 - 20]. https://news.sohu.com/a/804019067_477039.

科技进步贡献率逐年上升，从54.5%增长至62.4%。然而，这一数字相较于发达国家科技对农业贡献率约80%的水平还有一定差距。国家第六次技术预测结果显示，中国在国际领先的农业科技方面仅占10%，接近于国际先进水平的技术占39%，而基本能跟上国际步伐的技术则占比51%，这一数据说明我国农业科技在追赶世界先进水平的路上还有很长的路要走。①

（六）体制机制尚不完善

新时代以来，尽管农业绿色发展策略逐步得到强化和优化，但由于农业绿色发展提出时间尚短，一些措施还仅仅停留在初步设计阶段，在执行管理上往往会出现一些断层或缺漏，需不断地修订与完善。同时，农业绿色发展涉及生态补偿、农业生产与农产品市场等多个层面，构成了一个复杂的系统。该系统的优化和完善需要根据时代的变迁持续调整和改进，以响应农业绿色发展的需求。

1. 农业生态保护补偿制度不完善。党的十八大以来，我国生态保护补偿工作由各领域分头试点逐步向系统性、全要素的生态综合补偿方向转变，但现有的生态保护补偿制度框架还存在一些政策性短板：一是补偿机制的不完善。首先，关于补偿责任的界定比较模糊。目前法律并未明确规定农民、农业经营者和政府部门等多方的具体责任和义务，容易引发责任推脱和执行上的不确定性。其次，补偿资金的来源和持续性亦未得到有效保障。农业生态补偿涉及大量的经济支出，但现有法律对于补偿资金的来源和保障机制不完善使得补偿资金的筹集和分配存在困难，进而影响了农业生态保护补偿政策的落实。最后，现行的监督与评估机制不健全，缺乏有效监控，难以确保实施的农业生态补偿措施能够达到预期效果。二是缺乏有效的激励机制。首先，经济激励措施无法充分激发农民和农业经营者的积极性，农业生态保护补偿金额往往较低，不足以覆盖他们在参与生态保护时的成本和努力。其次，缺乏信息和技术支持。农民通常难以通过信息和技术支持了解环境友好的农业生产技术和措施，这使得他们在实施补偿要求时面临不确定性。最后，激励措施的灵活性不足。现有的补偿政策往往只提供经济补偿或固定的补贴政策，

① 钱加荣，毛世平，林青宁. 强化农业科技创新布局，走好农业强国之路［EB/OL］. （2022 - 11 - 21）［2025 - 02 - 22］. https：//kepu. gmw. cn/2022 - 11/21/content_36176634. htm.

不能根据不同地区的具体情况和生态需求进行调整，从而限制了农业生态保护补偿制度效果的发挥。

2. 农业绿色标准体系不健全。我国在借鉴国际先进水平的绿色食品标准的基础上，结合国内的实际情况制定了相应的农业绿色标准。虽然目前已经形成了一整套从中央到各地方的绿色食品认证体系，但与世界发达国家相比，仍存在不足之处：一方面，当前的认证体系看似周密，但在实际操作中存在着监管的缺失，导致认证机构的功能和效率并不理想；另一方面，由于缺乏统一且规范的认证程序和标准，市场上涌现出了许多认证机构，相互之间的标准不尽相同。这不仅影响了认证的专业性，也对消费者选择造成了困扰。

3. 农业绿色市场体系不完善。建立一个完善的绿色农产品市场体系对于农业绿色发展至关重要。当前，我国在绿色农产品市场建设方面还存在诸多不足。一是市场流通体系不完善。我国大部分绿色农产品的产地都分布在环境污染少的边远偏远农村，而这些地区普遍面临着交通不便利的问题。这一状况大大限制了绿色农产品从农场到消费者手中的流通速度，并影响了绿色农产品的市场扩展。尽管我国已经建立农产品绿色通道，并在多个城市开设了绿色农产品销售网点，但力量依旧比较薄弱，绿色农产品小生产和消费大市场难以有效衔接。二是市场营销体系不健全。当前对于优质绿色农产品的推广和营销也明显不足，具体表现在行业内部重视程度不够、营销主体数量有限、产品种类单一以及品牌辨识度低等方面，使得市场供应与消费需求之间存在错配。三是绿色农产品市场监管不到位。市场监管薄弱使得一些不良商家有机可乘，用普通农产品冒充绿色农产品，导致市场上农产品质量参差不齐，严重丧失了消费者的信任，从而削弱了消费者对绿色农产品的购买力。

4. 农业绿色发展资金支撑体系不健全。绿色农业是资金密集型产业，从种植到加工到市场销售，每个环节都需要巨额的资金投入。因此，农业绿色发展仅仅依赖于内生性资金供给是远远不够的，亟须外部资金的注入。尽管我国历来注重农业绿色发展，但财政资金投入却仍显不足，导致很多绿色农业项目难以有效实施。此外，绿色农业面临的风险较大、回报周期较长，使得很多金融机构出于风险考虑而对绿色农业贷款的意愿性不强，进一步加剧了农业绿色发展资金的短缺。中国人民银行数据显示，自 2007 年创立涉农贷款统计，涉农贷款余额从 2007 年末的 6.1 万亿元增加到 2023 年末的 56.6 万亿元，占各项贷款的比重仅从 22% 提高到 25%，其中，农户贷款余额仅有 16.86 万亿元。① 截至 2023 年底，本外币绿色信贷的总余额达到 30.08 万亿元，其中，针对农业的绿色信贷仅占 13.5%。②

---

① 薛小飞. 金融助力乡村振兴再发力 [J]. 现代商业银行，2024 (5)：45 - 47.

② 徐佩玉. 中国绿色贷款余额超 30 万亿元 [EB/OL]. (2024 - 01 - 27) [2025 - 02 - 20]. https：//www. gov. cn/lianbo/bumen/202401/content_6928561. htm.

第六章

我国农业绿色发展模式案例研究

　　如何促进我国农业实现绿色、高质量发展，是"十四五"时期亟须解决的重大问题。近年来，我国各地区政府部门在推动农业绿色发展的过程中通过创建农业绿色发展先行区积累了大量的实践经验，形成了各异的发展路径和系列典型模式。这些发展模式是不同地区根据自身状况选择的相应策略，均表现出一定的创新性、地域性、特色性和可复制性，可供具备相应条件的其他地区学习和应用。结合我国农业绿色发展面临的困境，本章选择了农业绿色发展水平较高的 12 个省份的 12 个县区进行典型模式研究（见表 6 - 1）。

表 6 - 1　　　　　中国农业绿色发展典型模式的特征及代表地区

模式名称	模式特征	代表地区
农业资源保护利用模式	控水降耗、控肥增效、废弃物资源化	内蒙古杭锦后旗、北京昌平区
农业面源污染防治模式	投入品减量化、农田环境清洁化、农业环境监测常态化	福建建宁县、河南南乐县
农业生态保护修复模式	耕地修复、种养结合、生态产业	湖北大冶市、云南弥勒
绿色低碳农业产业链打造模式	聚焦产业特色、培育壮大产业链、打造绿色品牌	重庆开州区、广西三江县
绿色技术创新模式	技术创新、技术应用、技术服务	天津西青区、江西瑞昌市
体制机制创新模式	制度体系、增值支持体系、科技创新推广体系	福建上杭县、四川青神县

第一节 农业资源保护利用模式

农业资源保护利用模式是对农业生产中的土地、水等各种资源进行保护和合理利用，从而实现农业的可持续发展。当前，我国农业发展面临着环境污染严重和资源紧缺的双重困境，因此，农业资源保护和利用模式便成为各地农业绿色发展的首选。该模式通过土地生态治理、种养结合、推广节水灌溉技术等促进地力提升，提高水资源利用效率。并通过对秸秆、畜禽粪污等农业废弃物进行资源化利用，改善产地环境，提升农产品品质。综合运用循环农业、资源节约管理等措施，使我国农业在实现资源保护利用的同时，为农业绿色发展注入了新的活力。

一、典型案例 1：内蒙古自治区巴彦淖尔市杭锦后旗的实践[①]

杭锦后旗位于我国北疆的腹地，是内蒙古自治区巴彦淖尔市河套平原西北部的一颗璀璨明珠。2022 年杭锦后旗农作物总播种面积 145.86 万亩、粮食产量 48.74 万吨、年度牲畜存栏 76.69 万头（只）。杭锦后旗光热资源优越、引黄自流灌溉条件便利，为农业发展提供一定优势，但水资源利用率低、土壤盐碱化普遍、农业面源污染严重等问题一直制约当地农业绿色发展。近年来，杭锦后旗以"三不两零一全"为目标，全力推进农业绿色发展。所谓"三不两零一全"，即不减产、不增量、不减收入，零污染、零废弃物，全面实现农业绿色生产。在这一目标的指引下，杭锦后旗创新性地提出了"四级联创＋科技小院＋博士工作站"的支撑体系，深入推进"四控两化"（控水、控肥、控药、控膜、秸秆资源化、畜禽粪污资源化）行动，探索出一条农牧业高质量发展的绿色之路。

---

① 内蒙古自治区农牧厅. 内蒙古自治区杭锦后旗：强化全要素系统治理 以产地环境净化推动农业提质增效［EB/OL］.（2023－12－01）［2025－02－20］. https://nmt.nmg.gov.cn/xw/nmyw/202312/t20231201_2419390. html.

（一）推进水肥一体化，实现控水降耗

杭锦后旗通过推行工程节水、农艺节水、管理节水等措施，促使农田灌溉水有效利用系数逐年提高。首先，推行工程节水。截至2023年，杭锦后旗共完成"大破大立"高标准农田建设50万亩，持续开展高标准农田灌排工程建设，推进工程节水源头减量。其次，推行农艺节水。推广应用智能式、直引式、移动式引黄直滤滴灌模式，2023年井黄双灌技术等水肥一体化应用面积40万亩，创新研发出可移动式黄河水直滤水肥一体化灌溉装备，开展大架番茄膜下滴灌示范，推进农艺节水过程减量，较传统灌溉节水50%左右，节肥30%以上，增产10%~15%。最后，推行管理节水。有序推进土地适度规模经营和优势农作物轮作倒茬，实行河湖长制，推进管理节水终端减量。全旗通过加强节水、治水、管水、用水、兴水，实现农田灌溉水节约利用，亩均水量降低60立方米。

（二）推进地力提升，实现控肥增效

杭锦后旗通过盐碱地治理、优化施肥方式和实施有机肥替代等行动，推进土壤结构不断优化，实现控肥增效。一是推行盐碱地生态治理。应用"五位一体"（深施农家肥、掺混明沙、秸秆还田、种植耐盐绿肥、生物制剂调理）综合技术治理中轻度盐碱地，"八位一体"（渠沟路林田配套、暗管排水盐、强排扬积水、制剂改盐碱、草吸盐转畜、有机肥提升地力、机械深松翻、滴灌控水肥）工程技术治理重度盐碱地，提升耕地地力水平。二是优化施肥方式。建设"固体配肥站""液体加肥站"20个，通过检测土壤，调整肥料结构与氮磷钾配比，加快推广缓释控、水溶性等新型肥料，并运用水肥一体化技术实现"菜单式"精准施肥。三是实施有机肥替代行动。推行农作物秸秆还田、麦后复种绿肥还田、畜禽粪便资源化利用等措施，减少化肥用量。依托种植养殖大户等新型经营主体，创建化肥减量增效示范区，推进新型经营主体示范带动减量。全旗通过持续推行化肥减量增效行动，农户用肥习惯不断转变，2022年化肥利用率达到42%。

（三）推进综合防治，实现控药减害

杭锦后旗通过健全农药管理制度和综合运用多种绿色防控技术，促进农

药使用减量增效。一方面，健全农药管理制度。杭锦后旗实行了农药购买的实名制、限用农药定点经营制，引入了农药市场"黑名单"系统，并且推广了"一瓶一码"的管理策略。杭锦后旗还建立了"农产品质量安全智慧云平台"，构建了覆盖全程的农畜产品安全监控的大型数据库，实行了农药使用和农药经营许可、产品及标准认证和品牌授权的综合管理，实现了从生产到销售的全过程可追溯性。另一方面，开展农药减量增效行动。扶持本地农业技术服务组织利用无人机等先进机械进行统防统治，示范推广生物防治、物理防治等绿色防控技术以减少农药使用。多种病虫害防治技术的综合运用使2022年杭锦后旗的农药利用率提高至41.8%，实现了病虫害绿色防控提质扩面，遏制病虫害保丰收。

（四）推进废弃物综合利用，实现增绿增收

杭锦后旗积极探索和实践秸秆及畜禽粪污等资源化利用路径，推动农业废弃物转化为有益资源。首先，推行秸秆综合利用。按照"农用优先，多元利用"的原则，重点推广以秸秆机械粉碎还田为代表的肥料化利用、以秸秆打捆和青贮饲料制作为代表的饲料化利用、以秸秆粉碎压块生产成型燃料和生物质能发电工程能源化利用技术路径，秸秆综合利用率达到91.06%。其次，畅通种养循环路径。推进规模化养殖场"三改两分"，推行"一堆二沤三转四换五推进"畜禽粪污资源化利用，规模化牛场全面配套了粪污处理设施，每镇（农场）建成1个粪污集中堆沤点，实现科学消纳粪污，规模化养殖场粪污资源化利用率达到92.25%。再次，健全废旧农膜回收体系。引导、鼓励农户科学使用回收0.015毫米高强度加厚地膜和全生物可降解膜，提高机械回收利用效果。健全组有回收员、村有回收点、镇有运输队、旗有处理厂四级回收再利用体系，将耕地地力保护补贴用于残膜回收、回收机械购置和回收网点建设。杭锦后旗人民政府网站显示，已建成废旧农膜回收网点45个，培育形成废旧农膜处理企业5家、废旧农膜回收企业及合作社30家，农膜回收率达到85.56%。最后，促进农牧循环发展。构建粮饲兼顾、种养结合、农牧循环发展模式，亩均减少化学氮肥施用30%左右，青贮玉米种植亩均增产15%~20%，每亩作物收益增加400元左右，实现资源循环利用和综合效益提升。

二、典型案例2：北京市昌平区的实践①

昌平区地处北京市西北郊区，坐落于太行山和燕山群系的交界点。其整体地质构造相对复杂，地貌类型多样化。昌平区拥有多样化的农产品，东部为草莓，中部为蔬菜，西部为百合，并拥有玉米、小麦、大豆、杂粮等大田作物，农产品种类丰富，农业废弃物数量较大。发掘农业废弃物身上的宝藏资源、把废物变成宝贝对推动农业绿色高质量发展具有重大意义。近些年来，昌平区在北京市农业农村局及北京市现代农业产业技术体系的支持下，在农业废弃物的资源化利用方面取得显著进步。通过有效的管理和创新策略，昌平区不断增强其农业废弃物的综合利用能力，使农作物秸秆和剩余蔬菜得到了全面的利用，林果枝条的利用率也提升至60%以上，显著提升了农业的生态效益和经济效益。

（一）以绿为底，画好设计图

农业废弃物的管理和再利用是推动农业可持续发展的关键因素。全面掌握农业废弃物资源台账底数是推动资源节约、促进农业绿色发展的基础性工作。长期以来，我国农业废弃物资源存在数据分散、家底不清、变化不察、质量不明等问题，阻碍了农业废弃物的有效管理和高效利用。为了摸清各涉农街镇农业废弃物资源底数，昌平区与中国农业科学院的农业环境与可持续发展研究所合作，进行了详细的农业废弃物资源调查和分类。以各街镇为单位，建立了农作物秸秆、蔬菜残余和林果枝条废弃物等多个类别的资源台账，并率先探索开展农业废弃物资源化利用数字化模型构建。昌平区充分依托全国秸秆综合利用重点区建设项目等，创新采用重点区域"一镇一站"、东西两翼升级区域站的总体布局方式，构建了覆盖全区的"数字化管理体系＋镇级站＋示范点＋社会化服务"的农业废弃物综合利用格局。2023年4月，昌平区出台了《关于开展农业废弃物肥料化利用的分项实施细则》。细则规定，新建或改造的农业废弃物利用站可以得到最高50%的投资补贴，各站利用农

---

① 农业农村部. 变废为宝，点燃昌平农业绿色发展"新引擎" [EB/OL]. （2023 – 05 – 08）[2025 – 02 – 20]. http：//www. moa. gov. cn/xw/qg/202305/t20230508_6427007. htm.

业废弃物生产的土壤改良剂还能够得到每吨 300 元的补贴。北京市昌平区人民政府网站显示，截至 2023 年，昌平已建立 1 个农业废弃物资源数据管理中心、2 个区域综合处理站、8 个镇级综合处理站、6 个综合利用点和 4 个社会化服务组织，为农业绿色发展提供了坚实的基础。

（二）因地制宜，搭建技术梁

昌平区依据具体情况，采取了多样化的技术策略来处理农业废弃物。昌平区在各镇建立了相应的处理站点，通过与中国农业科学院农业环境与可持续发展研究所的团队合作，昌平区探索了包括废弃物快速堆肥和饲料转化等多条技术路径（见图 6-1），有效推动了农业废弃物资源化和产地环境优化。产粮大镇围绕秸秆"大做文章"，通过实施尾菜、秸秆快速堆肥技术模式和农作物秸秆青（黄）贮饲料利用技术模式，实现了农业循环经济的模式。以园林苗木产业为主的区域则将剪枝等废料转化为食用菌的培养基，不仅解决了农业废弃物处理问题，同时也带动了地方特色产业的发展。随着农业废弃物加工技术的持续升级，北京市昌平区的农业废弃物资源利用渠道也将不断拓宽。

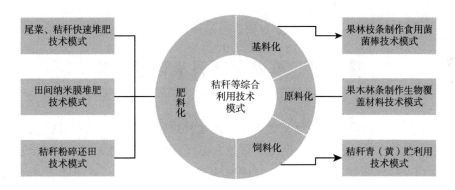

图 6-1　秸秆枝条综合利用技术模式

（三）数字赋能，畅通循环链

为了提高农业废弃物的循环再利用效率，并解决其运输不及时问题，昌平区农业服务中心在 2022 年 3 月推出了一个新的服务平台——农资宝 App。该平台运用数字管理方式改革了传统的农业废弃物处理流程，顺畅地将农业废弃物转化为有价值的资源。比如到了果树剪枝时节，果农可以在农资宝App上提交废枝的回收请求，属地乡镇的处理中心在线响应并安排回收时间。农资宝App不仅能使农业废弃物得到妥善处理，还能根据回收来的农业废弃物重量，以2∶1的比例向果农提供免费的土壤改良剂。农资宝App有效连接了农户、经营主体、社会服务组织以及政府部门，全方位服务于农业废弃物的管理与利用，实现了昌平区农业废弃物"约、收、储、运、产、换"六位一体全流程循环利用运营。杭锦后旗人民政府网站显示，农资宝App已经在昌平区内的百善镇、流村镇、兴寿镇等7个镇进行推广应用，已有注册用户415人，完成订单583份，回收处理农业废弃物4万余吨，生产并兑换土壤改良剂1.5万吨。

内蒙古杭锦后旗和北京市昌平区的实践表明，高效用地、节约用水、加强资源节约集约循环利用是农业资源保护利用的核心目标。盘活利用存量用地、推进盐碱地生态治理、开展循环利用再生水、推广农业灌溉节水技术、资源化利用农业废弃物是农业资源保护的重要手段。我国要坚持节水优先方针，积极统筹保护利用土地、矿产等各类资源，通过创新实践探索、建立健全机制，不断加强资源节约集约循环利用，推动经济社会发展绿色化、低碳化。

第二节 农业面源污染防治模式

加强农业面源污染治理和优化农业产地环境是实现我国农业可持续发展的重要任务。各地积极采取措施，聚焦农田残膜和农药包装回收处理与利用、化肥和农药减量增效、粪污和秸秆资源化利用等重点任务，推动农业面源污染治理和改善农业产地环境。在农田残膜和农药包装回收处理与利用方面，建立健全回收处理体系，采用机械化和人工捡拾等方式，提高残膜和农药包装的回收率。在化肥和农药减量增效方面，各地积极推动科学施肥、精准施药，优化农药和化肥的施用技术。通过推广有机肥替代部分化肥、水肥一体化、生物防治等技术，降低化肥和农药使用量，提高利用率。在粪污和秸秆资源化利用方面，推广秸秆还田、饲料化利用、生物质能发电等技术，将农业废弃物转化为有益资源。在一系列重点任务的落实下，我国农业面源污染治理和产地环境优化取得了显著成效，不但提高了农业生产的防控能力，还推动了绿色农业质效双升。

一、典型案例 1：福建省三明市建宁县的实践①

福建省三明市建宁县地处闽赣边界、武夷山麓中段，是福建"母亲河"闽江的发源地，地理位置优越。建宁以莲子、种子、果子为主的特色农业久负盛名，是福建唯一、全国县级最大的国家级杂交水稻制种基地县。近年来，福建省三明市建宁县全面贯彻落实习近平生态文明思想，不断健全生态农业发展机制，大力推进循环低碳生产，开展"清新闽江源雷霆行动"和美丽建宁"三清双提"行动，推进投入品减量化、废弃物资源化、农业环境清洁化、监管常态化的"四化"措施，推动国家农业绿色发展先行区建设取得实效。

（一）推广高效施肥施药技术，实现农业投入品减量化

建宁县把生态优先、绿色发展理念贯穿特色现代农业发展全过程，以实施地力提升工程为抓手，集成推广科学施肥用药等技术，持续提升农药化肥利用率，2022 年全县农药、化肥使用量均同比减少 2% 以上。在农药减量控害上，围绕杂交水稻制种、水果、茶叶、蔬菜等农作物，开展专业化统防统治服务，提升病虫害绿色防控水平。建宁县人民政府网站显示，2022 年实施农作物病虫害绿色防控面积 20.6 万亩，绿色防控覆盖率达 43%，主要粮食作物水稻病虫害统防统治 30.9 万亩次，统防统治覆盖率达 55%。积极推广高效低毒低残留农药和新型高效植保机械，加强科学安全用药和农药减量增效技术培训，降低除草剂等农药施用强度。在化肥减量增效上，建立绿肥百亩示范田 10 片，大力推广有机肥施用技术，示范推广冬种紫云英 3.3 万亩，有效减少化肥用量。组织农户施肥调查，开展监测点耕地养分评价分析，实施化肥投入定额制面积达 3.5 万亩次、测土配方施肥面积达 40 万亩次。此外，推广应用

---

① 农业农村部. 福建省建宁县：清洁田园 变废为宝 扎实推进国家农业绿色发展先行区建设 [EB/OL]. （2023 - 04 - 27）［2025 - 02 - 20］. http：//www. jhs. moa. gov. cn/gzdt/202304/t20230427_6426406. htm.

稻草秸秆还田技术，集成稻草高留桩回田、收割机切碎回田、稻草覆盖回田等技术模式，累计完成稻草还田面积达 12 万亩，占粮食种植面积的 57%。

（二）集成绿色种养循环模式，实现农业废弃物资源化

建宁县通过建立健全种养循环发展机制，全面推行绿色循环低碳生产方式，持续加强农用地保护与安全利用，实现农业资源持续利用。一方面，推进养殖废弃物资源化利用。实施畜禽粪污资源化利用整县推进项目，在规模养殖企业升级改造粪污资源化利用设施设备。推广干清粪、固液分离等新工艺，采用"人工智能 + 沼液资源化利用"新技术，形成"猪—沼—果"生态养殖、资源化利用模式，实现县域养殖废弃物生态消纳和循环利用，达到全消纳、零排放目标。2022 年，全县畜禽粪污资源化利用率达 98.6%。另一方面，推进种植废弃物综合利用。以农民合作社、家庭农场为载体，采取"梨枝条 + 食用菌 + 有机肥 + 果树"技术模式（见图 6−2），将粉碎加工梨枝条、莲子壳等农业废弃物作为食用菌原料，开发出以农业废弃物为代用料的茶树菇、杏鲍菇、金针菇、平菇、草菇等 10 多个新菌种。建宁县人民政府网站显示，全县梨枝条、莲子壳等农业废弃物利用率达 80%，每年增加食用菌 1 500 万袋，为企业节约成本 150 万元。

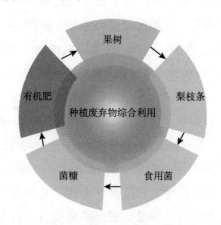

图 6−2 "梨枝条 + 食用菌 + 有机肥 + 果树"技术模式

（三）开展美丽田园建设，实现农田环境清洁化

建宁县扎实开展"三清双提"行动，加强白色污染治理，建设美丽清洁

田园，提升农业生态服务功能。通过强化宣传、探索路径、完善措施、总结经验，扎实推进农药包装废弃物回收处理。2022 年，全县农药包装废弃物回收与处理量达 80 吨、回收率超过 95%，全县田间园地农药包装废弃物基本清除，提前三年完成"到 2025 年实现农药包装废弃物回收率达 80% 以上"目标。引导农民使用加厚农膜，延长使用期，提高利用率。有序推广使用全生物降解地膜，在保证不影响作物生长的前提下，适当减少农膜的田间覆盖度，达到少用农膜、少污染的效果。2022 年，全县农膜回收利用率达 90%以上。

（四）加强体制机制建设，实现农业生态监管常态化

建宁县通过健全绿色发展、污染防治长效监管制度，建立联合联动检查机制，加大对农业生态的日常监管巡查力度。建立健全畜禽污染资源化利用全链条监管制度，督查鳗鱼养殖企业安装尾水排放测控联网设备，强化信息化监管。加强对畜禽养殖企业粪污处理设施设备、鳗鱼养殖企业尾水排放设施设备运行日常检查管理，实现水产养殖尾水达标排放。加强生态水系建设，实施"水体清澈"行动，2022 年疏浚清理河道 16.7 千米。实施增殖放流行动，开展增殖放流活动 5 次，共放流鱼苗 180 余万尾。严厉打击电炸毒等非法捕鱼行为，开展渔业联合巡查 92 次，有力遏制渔业违法违规行为，有效提升水生生物多样性保护水平。

二、典型案例 2：河南省濮阳市南乐县的实践[①]

南乐县坐落于河南省东北部，地处黄卫冲积平原之上，地势平坦开阔，拥有丰富的土地资源。全县年均农作物播种面积高达 65 万亩，是我国重要的粮食生产基地之一。近年来，南乐县深入实施绿色发展战略，通过实施三个"全覆盖"，推进畜禽粪污资源化利用、推广农作物病虫害绿色防控、加强绿色食品原料标准化生产基地建设，有效推动了农业面源污染治理。南乐县人民

---

① 农业农村部. 河南省濮阳市南乐县：推行三个"全覆盖"破解农业面源污染治理难题［EB/OL］.（2022 - 03 - 14）［2025 - 02 - 20］. http：//www. jhs. moa. gov. cn/gzdt/202203/t20220314_6392171. htm.

政府网站显示，2021 年南乐县畜禽粪污综合利用率高达 92%，化肥和农药的利用率也达到了 40.8%。同时，绿色统防统治面积扩大至约 40 万亩，农作物病虫害的绿色防控覆盖率提升至 33.3%。此外，该县还大力发展绿色有机农产品种植，面积超过 1 万亩，并成功认证了 27 个"三品一标"农产品。南乐县在全省率先实施了面源污染信息化监测预警、畜禽粪污资源化利用整县推进等项目，并建立了生态农业信息化平台，有力推动了现代农业的绿色高效发展。

（一）推进农业生态环境监测全覆盖

南乐县积极建设面源污染监测预警系统和农业信息化监管平台，全力打造"查、测、溯、管"体系，为农业绿色发展提供有力支撑。首先，南乐县通过构建面源污染监测网络对全县范围内的农业生态环境进行全面监测。在各乡镇设立监测点，配备专业监测设备，实时采集土壤、水质、大气等环境数据。这些数据经过专业分析，为政府决策提供科学依据。其次，南乐县利用现代信息技术建立农业信息化监管平台。通过农业信息化监管平台可以实时查看各监测点的数据信息，动态掌握农业生态环境变化。一旦发现异常情况，平台将及时发出预警，为污染防治提供精准目标。再次，南乐县完善"查、测、溯、管"体系。其中，"查"是指开展农业生态环境调查，了解全县农业生产和环境状况；"测"是通过监测设备对各监测点进行定期监测；"溯"是对监测数据进行溯源分析，查找污染源和污染原因；"管"则是根据监测结果，制定针对性的污染防治措施。最后，南乐县对面源污染实行全程监管。从农业生产环节到农产品销售环节，都对可能产生的污染进行严密监控。通过加强监管力度，确保农业生产过程的环保性，降低农业面源污染风险。

（二）推进农业废弃物资源利用全覆盖

南乐县通过建设畜禽粪污处理中心、推广可降解农用地膜等措施，全面推动农业废弃物资源利用全覆盖，既降低了农业面源污染，又提高了农民收入。南乐县规划布局了两个区域性畜禽粪污处理中心，覆盖半径 7.5 千米内的畜禽粪污和 5 千米内的农作物秸秆。畜禽粪污处理中心采用先进的处理技术，将畜禽粪污和农作物秸秆转化为有机肥料供给周边农田，实现了资源化利用。为了减少塑料地膜对环境的影响，南乐县积极推广可降解农用地膜，将其应用于各类农作物种植。目前，可降解农用地膜试验示范区已扩大至 10 个乡镇、15 个村、15 种农作物，示范面积增加至 1 960 亩。可降解农用地膜的使用既提高了农作物的产量和品质，又降低了农业面源污染，实现了绿色可持续发展。此外，南乐县制定相关政策，激励农民和企业参与农业废弃物资源化利用。并对采用新技术、新工艺的企业给予政策扶持，对农民使用可降解农用地膜等绿色生产方式给予补贴，从而调动农民和企业的积极性。

（三）推进化肥农药减量增效全覆盖

南乐县通过建设智慧水肥系统、推广测土配方施肥、有机肥替代化肥、物理防治和专业化统防统治等绿色技术，实现了化肥农药减量增效全覆盖，既提高了农业生产效率，又减轻了化肥农药对环境的污染。一是建设智慧水肥系统。智慧水肥系统可以实时监测农作物生长状况、土壤肥力、水分含量等数据，为农民提供精准施肥建议。智慧水肥系统的应用能够提高肥料利用率，减少过量施肥导致的土壤污染。二是推广测土配方施肥技术。根据土壤性质和作物需求，对全县范围内的农田进行测土，为农民提供个性化的施肥方案。通过精准施肥，既提高了作物产量，又降低了化肥使用量，减少了土壤污染。三是有机肥有序替代化肥。南乐县鼓励农民施用有机肥，通过堆肥、沤肥等方法，将农家肥、秸秆、畜禽粪等有机废弃物转化为有机肥。有机肥的使用可以改善土壤结构，提高土壤肥力，减少化肥施用量。四是推广物理防治和农作物病虫害专业化统防统治技术。通过生物防治、物理防治等绿色手段，降低农作物病虫害的发生率。加强对病虫害防治的专业化服务，提高防治效果，减少农药使用量。

福建省建宁县和河南省南乐县的实践表明，化肥、农药、地膜等不合理使用以及畜禽水产养殖废弃物、农作物秸秆等处理不当是导致我国农业面源污染严重的重要因素。因此，推进化肥、农药、地膜等投入品减量化使用，畜禽水产养殖废弃物、农作物秸秆资源化利用，农业生态环境常态化监测是治理农业面源污染的重要途径。今后，还需要进一步运用科学技术实现农业面源污染防治流程上多维衔接、时空上全域覆盖，使氮磷减排与资源利用结合，对原有农田设施进行优化提质，保护农田环境安全，提升农产品质量，增加当地农民收入，实现农业发展与环境保护双赢，带动当地农业绿色发展。

第三节 农业生态保护修复模式

良好的生态环境无疑是农村最大的优势和宝贵的财富。在我国广大的农村土地上，丰富的生态资源如同珍贵的瑰宝，蕴藏着无尽的价值。各地在坚持生态文明理念的基础上纷纷以项目为载体，积极探索和实践农业生态价值的挖掘与利用。首先，耕地障碍修复利用成为了各地关注的焦点。通过采用科学的手段和技术对受到污染的耕地进行修复，恢复其生产能力，从而保障粮食安全、实现农业的可持续发展。其次，"生态沟渠"形式的推广为农村生态环境的改善提供了有力支撑。这些项目通过优化水资源配置、减少农业面源污染、提高水资源利用效率使农村水环境得到有效保护。生态沟渠不仅具备排水、灌溉等功能，还具有生态保护、景观美化等作用，成为农村生态环境的重要组成部分。此外，政府和企业共同发力，按照政府引导、企业主体的思路，以重构生态为核心，扶持了一批实施主体，因地制宜地推进生态修复工程，打造涵养"山水林田湖草沙"的生命共同体。在生态修复的过程中，各地还充分挖掘特色景观资源，进一步提升了农村的生态魅力。最后，生态产业融合成为农村经济发展的新引擎。通过发展种养结合的循环农业，提高农业综合效益，增加农民收入，推动农村经济绿色增长。

一、典型案例1：湖北省黄石市大冶市的实践[①]

大冶市位于湖北省东南部，是湖北粮食主产县和畜牧大县，大冶市秉持"绿色发展、生态富民"的理念，聚焦于生态恢复及粮食安全，开展了种养循环农业和土地障碍修复项目，积极推进国家农业绿色发展先行区建设。大冶市率先推进绿色种养循环农业试点，将粪肥还田利用率达到90%以上，化肥施用量减少30%以上，不仅提高了农业资源利用效率，还降低了农业生产成本，形成了可复制可推广的种养结合循环农业发展模式。与此同时，大冶

---

① 农业农村部. 湖北省黄石市大冶市：绿色种养促循环 修复耕地保安全 [EB/OL]. （2022 – 03 – 16）[2025 – 02 – 20]. http：//www. moa. gov. cn/xw/bmdt/202203/t20220316_6392421. htm.

市还开展了受污染耕地安全利用项目，依托规划和项目实施，对受污染耕地进行分类管理。通过采用适合的农业技术，有效控制了重金属污染物对农产品的影响。通过受污染耕地安全利用项目的实施，受污染耕地得到修复利用，大冶市人民政府网站显示，全市受污染耕地安全利用率达到90%以上，农产品质量安全检测总体合格率常年在99%以上，农业生态环境得到显著改善。

（一）以规划为引领，下好"先手棋"

大冶市在绿色农业发展过程中，以规划为引领，充分发挥了先发优势。通过详尽的土壤环境质量调查和产业规划，全市绿色农业发展实现了有序、高效推进。大冶市首先对全市12个乡镇的171个村庄进行了全面的土壤质量调查，完成了耕地类别划分，形成了详细的市、镇、村三级耕地环境障碍修复与利用的图谱。然后，在明确全市耕地状况的基础上，大冶市结合当地现代农业的优势和区域特色精准规划产业发展方向和布局。一方面，大冶市大力推行休闲农业和乡村旅游，将绿色资源转化为旅游资源，带动农民增收；另一方面，建立了若干休闲农业示范点并开发了多条优质的休闲农业和乡村旅游路线。2021年，大冶市被认定为"全国休闲农业重点县"。

（二）以项目为载体，答好"治理卷"

在推进绿色农业发展的过程中，大冶市以项目为载体，积极开展绿色种养循环农业试点项目，以实现粪肥资源的高效利用和化肥施用量降低。为了确保项目的顺利实施，大冶市专门建立了服务机构来促进粪肥归田，并设立了数个田间临时储存设施和管道系统，构建了粪污"收集—处理—施用"全链条组织运行模式，有力地推动了绿色种养循环农业的发展。此外，大冶市还实施了受污染耕地安全利用项目，以保障粮食安全和生态环境。大冶市在摸清171个村的土壤环境质量的基础上完成耕地类别划分，科学开展耕地障碍修复利用。针对可安全利用类受污染耕地，采取了一系列农艺措施，如深翻耕、土壤改良、种植低吸收性作物和使用叶面施肥等，以确保农作物符合安全标准。针对严格管控类受污染耕地，大冶市采取苎麻、棉花等经济作物替代种植等结构调整措施，严格控制重金属向可食用农产品转移。绿色种养循环农业试点项目和受污染耕地安全利用项目的实施不仅提高了农业资源利用效率，降低了农业生产成本，还改善了农业生态环境，保障了粮食安全。

（三）以制度为保障，打好"组合拳"

在乡村振兴战略和农业农村现代化进程中，大冶市构建了良好的制度保障体系，为绿色农业发展提供了有力支撑。首先，大冶市成立了耕地障碍修复利用领导小组和工作专班，明确了各级部门和工作人员的职责，建立了日常督导监管机制，从而确保绿色农业发展工作的落实和推进，形成上下联动、协同发力的良好局面。其次，大冶市选择全国优势科研院所作为技术支撑，并建立了专家团队服务机制，为绿色农业发展提供了强大的技术后盾，有利于引进先进农业技术和管理经验，推动绿色农业技术创新和推广。最后，大冶市还创建了耕地安全利用试验示范区，建立了耕地安全利用联合攻关试验示范基地。为了提高新型农业经营主体和农户绿色生产技术水平，大冶市聘请了专家开展讲座和现场指导，传播绿色农业生产理念，帮助农民掌握绿色生产技术。

二、典型案例 2：云南省红河哈尼族彝族自治州弥勒市的实践[①]

弥勒市坐落于云南省东南部和红河州的北部地区，紧靠北回归线，这里平均海拔 1 450 米，森林覆盖率高达 48.3%，少数民族占比 39.95%。弥勒市不仅文化底蕴深厚，还拥有非常优美的自然和生态环境。作为云南省红河哈尼族彝族自治州的一部分，弥勒市利用其丰富的自然和生态资源，着力于生态环境的重建与保护，全面推动了绿化—美化—彩化—香化的发展梯度。弥勒市积极对石漠化山地和水产养殖开发治理，旨在打造一个山水、林地、田野、湖泊和草地共生的环境。通过生态修复和景观创新，弥勒市成功将一些曾被忽视的丘陵和荒山变为了富有层次的自然景观。万亩森林花海、大地艺术、滨水湿地等特色景观应运而生，与周边田园风光、民居风貌有机融合，推动了产村人文深度融合发展。弥勒市人民政府网站显示，截至 2022 年，弥勒市累计接待游客 263 万人次，实现旅游收入 1.53 亿元，完成花卉林果种植

---

① 农业农村部. 云南省红河哈尼族彝族自治州弥勒市：发展生态产业 探索绿水青山转化金山银山新路子［EB/OL］.（2022-04-29）［2025-02-20］. http://www.moa.gov.cn/xw/bmdt/202204/t20220429_6398076.htm.

面积 1 万余亩，打造花卉园林小品 200 余个，绿化覆盖率达到 80%。

（一）花卉林果产业筑牢生态底色

弥勒市遵循政府引导、企业主体的原则，以重构生态为核心、绿色为基底，致力于治土、改水、截污、植树造林、造景等多方面工作，推进绿化—美化—彩化—香化梯度发展，因地制宜地打造涵养"山水林田湖草沙"生命共同体。在治土方面，弥勒市注重土壤改良与培育，提高土壤肥力，为花卉林果产业发展创造良好条件。通过推广有机肥料、改良土壤结构、提高土壤保水保肥能力等手段，为植物生长提供适宜的环境。在改水方面，该市着力改善水质，保障水资源的安全和可持续利用。采取污水处理、水源地保护、河湖整治等措施，降低水污染风险，提升水资源质量。在截污方面，严格执行污染物排放标准，加强对企业和居民排放污水的监管。通过建设污水处理设施、推广清洁生产技术、加强环保宣传教育等手段，减少污水排放，保护生态环境。在植树造林方面，弥勒市大力开展绿化工程，增加森林覆盖率，提高生态环境质量。遵循适地适树原则，选择适宜的树种进行造林，注重生态效益和经济效益的结合，实现可持续发展。在景观打造方面，充分发挥地区特色，因地制宜地打造美丽景观。通过花卉种植、园林设计、景区建设等手段，提升城乡环境的美观程度，提高人民群众的生活品质。

（二）生态产业融合打造发展平台

生态产业融合已经成为新时代推动经济增长的关键因素。弥勒市在生态修复的基础上积极构建特色景观，实现生态、经济和社会效益的协同提升。在第一产业的花卉、特色乡土园林植物种植方面，充分利用资源优势，推广优质品种，打造多样化、特色化的景观植物带，为游客提供优美的生态环境。在第二产业的木屋研发、装配、展销方面，通过合作开发木屋博览园及现代木结构建筑研发中心，推动木结构产业的创新发展，为康养度假区提供优质的居住环境。在第三产业的康养、度假、休闲、运动方面，弥勒市充分发挥生态优势，整合旅游资源，打造高品质的康养度假区。通过提供丰富的康体养生项目、休闲娱乐设施、户外运动场所等，满足游客多元化的需求，实现生态产业的融合发展。弥勒市通过生态产业融合战略，成功打造发展平台，实现一二三产业的有机结合。在政府引导与企业主体的共同努力下，弥勒市生态产业发展呈现出良好的态势,为地区经济的可持续增长提供了有力支撑。

(三) 绿色科技创新助推产业转型

为实现绿色农业科技创新,弥勒市积极与中国农业大学等高校研发团队展开合作,共同创建花卉研发中心。该中心致力于推动绿色农业科技创新,已成功申请 19 项发明专利,为当地农业产业转型注入强大动力。同时,为了更好地吸引人才,弥勒市实施"筑巢引凤"战略,高标准建成张志国院士专家工作站,为农业科技创新提供有力支撑。此外,弥勒市还打造了云南省首个高层次人才休假基地,为优秀人才提供休闲度假、学术交流的场所,进一步吸引和培养高层次农业人才,张志国院士专家工作站和云南省高层次人才休假基地的建立为农业产业科技创新提供了坚实的人才保障。

(四) 共建共享助推产村融合发展

按照共建共享的理念,探索"景区景点 + 农户 + 产业园 + 游客"的融合发展模式,以拓展农民致富渠道、增加农民收入。弥勒市人民政府网站显示,项目区村民共同流转土地 3 977.41 亩,创造了土地租金收入 330 余万元,吸纳农户就业 106 人,人均年工资收入 3.9 万元,使村民实现了"地租 + 工资"的两份收入。在政府的引导和支持下,村民积极参与苗木生产、乡村旅游等产业发展,增强了农村发展活力,实现了农村产业兴旺。农民每年每户年均增收 5 万元以上,显著提高了农民的生活水平,为乡村振兴战略的实施奠定了坚实基础。共建共享的发展模式有效促进了产村融合发展,为弥勒市带来了良好的经济效益和社会效益。

湖北省黄石市大冶市和云南省红河哈尼族彝族自治州弥勒市的实践表明,依托自身生态环境资源优势,优化财政支农结构和支农方式,通过规划引领、制度保障、科技赋能改变农业生产主体的投资方向和生产行为,实现农业生产主体主动向增加期望产出方面发展。通过实施耕地障碍修复、推广生态沟渠、推进生态修复工程、发展生态产业融合等措施,可以改善农村生态环境,促进农村经济绿色增长,提高农民收入,实现生态、经济和社会效益的多赢。

第四节　绿色低碳农业产业链打造模式

新时代背景下，我国农业发展逐步从传统的生产方式向绿色、生态、高效的现代农业生产方式转变。现代农业必须以"生态产业化、产业生态化"为引领，全产业链拓展农业绿色发展空间，叫响绿色品牌，赋能绿色产业。一方面，各地应注重规划引领，科学布局。在生产环节上，推进生产"三品一标"提升行动，即提高农产品的品质、品种、品牌和标准化生产水平，满足消费者对绿色、健康、优质农产品的需求。另一方面，在加工流通环节上，构建绿色供应链。加强农产品加工和流通环节的绿色管理，降低能耗和污染物排放，确保农产品从生产到消费的全程绿色化。同时，在产业链布局上，全面推进产业集聚循环发展，实现产业间的协同发展，提高资源利用效率。

一、典型案例 1：重庆市开州区的实践①

开州区位于重庆市东北部，地处长江之北，大巴山南坡与重庆平行岭谷结合地带，总面积达 3 959 平方千米。开州区农业产业以种植业和养殖业为主，为全区经济发展和农民增收提供了重要支撑。种植业方面主要包括水稻、玉米、蔬菜、大豆、茶叶、中药材和精品水果等，总面积达到 19.6 万公顷，丰富的农产品种类不仅满足了当地需求，还为市场提供了多样化的选择。养殖业方面主要以生猪、肉牛、羊等为主，为全区农民提供了增收渠道。近年来，开州区紧紧围绕生态文明建设，积极推动农业全产业链绿色转型。开州区紧扣优良品种引进、绿色技术推广、优质产品供给、特色品牌培育"四个先行"目标，着力推行种业振兴、人才强基、科技创新、数字赋能、改革激活"五大行动"，聚力打造市级菜药果"一主两辅"、区级粮猪鱼"三优"、茶糖豆禽等"多特"，镇村"一镇（村）一品"的产业体系。开州坚持强龙头、延链条、树品牌、兴业态，深挖潜力做好"土特产"文章，形成了重庆

①　邓青春. 重庆开州成功创建国家农业绿色发展先行区［EB/OL］.（2024 – 01 – 18）［2025 – 02 – 20］. http：//www. moa. gov. cn/xw/qg/202401/t20240118_6446126. htm.

市开州区的农业绿色产业的"五链"（见表6-2）。2023年，"五链"生态特色产业集群产值达到221亿元。

表6-2   开州区的农业绿色产业的"五链"

产业链名称	内容
优质粮油链	"粮头食尾"到"农头工尾"
生态养殖链	"一头猪"到"一根肠"
绿色蔬菜链	"东产西移、西种东卖"
道地药材链	"一棵药苗"到"临床制剂"
特色水果链	"一粒种子"到"一杯果汁"到"吃干榨尽"

（一）聚焦产业特色，构建绿色体系

开州区以其丰富的农业资源和生态优势，大力发展绿色农业，致力于构建标准、产业、技术、经营、政策、数字"六大绿色体系"，实现"六大绿色体系"一体化、全闭环。全空间、全环节、全维度夯实农业生态本底，擦亮"开州农品、绿优纯甄"金字招牌。开州区根据地域特色，聚焦药材、蔬菜、养殖、腊制品、粮油等产业发展。药材产业以"道地"为发展方向，注重药材的地理标志和品质特点，打造高品质药材产业链。蔬菜产业以"绿色"为发展导向，全力推进无公害、绿色蔬菜生产，保障市场供应的食品安全。养殖产业聚焦"生态"，提倡绿色养殖，关注动物福利和生态环境保护，推动养殖业可持续发展。腊制品产业以"健康"为发展方向，注重传统工艺与现代科技的结合，打造营养、健康、美味的腊制品。粮油产业以"优质"为核心，提升粮油产品品质，满足消费者对高品质生活的需求。此外，开州区积极拓展农业产业发展空间，推动农业生产全面"触网"、农业产品全面"上线"、质量检测全面"上云"。开展全国绿色食品（农产品）高质高效试点示范，做优田中绿品、山间珍品、农家小品、加工优品。

（二）培育和壮大产业链，强化品牌建设

开州区坚定践行"绿水青山就是金山银山"的发展理念，立足当地资源，坚持强龙头、延链条、树品牌、兴业态，深挖潜力做好"土特产"文章。努力让"土特产"成为农民增收致富和县域经济发展的有力支撑，为实

现乡村振兴和农业农村现代化奠定坚实基础。在产业链培育和壮大方面，开州区充分发挥"一主两辅"生态特色产业的引领作用，延链、补链、强链、壮链，绘制果、蔬、禽、蛋、肉等绿色产业图谱。开州区人民政府网站显示，通过创建 50 亿级市级农产品加工示范园，培育国家级农业产业化龙头企业 3 家、市级龙头企业 63 家，推动了农业产业集聚发展。在品牌建设方面，开州区已认证"两品一标"农产品 144 个，认证绿色食品 143 个，还着力培育市级及以上农业品牌 261 个，成功打造了"中国春橙之都""中国香肠之乡""中国木香之乡""中国再生稻之乡""中国西部绿色菜都"五块"金字招牌"。优质农产品为市场提供了丰富多样的选择，不仅满足了消费者对绿色、健康生活的需求，还促进了开州区农业经济的快速发展。

（三）推进农业发展新模式，提升绿色价值转化

重庆市开州区聚焦整合绿色技术，关注碳中和新目标，构建了包括光伏发电、种养融合、有机肥回田、深度加工、智慧农场、销售配送、品牌塑造在内的"七位一体"全产业链绿色发展体系，从而形成了"绿色环保 + 有机循环"的现代农业发展模式。开州区以科技驱动桑产业转型升级为核心，通过技术示范和推广应用，积极发展以桑叶作为饲料的桑叶鸡蛋等产业。开州区人民政府网站显示，全区近 10 万亩桑叶得到了充分利用，年产优质桑叶蛋 5 000 吨以上，综合总产值近 3 亿元。此外，开州区引进并推广新品种 200 余个，开展新试验 50 余个，建立绿色制度 16 项、绿色标准 7 项。开州区还入选了《重庆市开州区：坚持全产业链绿色转型，实现桑叶蛋鸡高质高效发展》等国家级典型案例（做法）4 项，建成国家、市级绿色示范基地 12 个。

二、典型案例 2：广西壮族自治区柳州市三江侗族自治县的实践[①]

三江侗族自治县坐落在广西壮族自治区的北部地带，这里是湘西、广西和贵州的交会之处，享有亚热带的南岭湿润气候。全县茶园面积超 20 万亩，

---

① 农业农村部. 广西壮族自治区柳州市三江侗族自治县：强化绿色引领 促进小绿叶成就大产业 [EB/OL]. (2022 – 04 – 06) [2025 – 02 – 20]. http://www.moa.gov.cn/xw/bmdt/202204/t20220406_6395451.htm.

全年干茶产出量可达 1.98 万吨，涉及的农户数量高达 7 万人。近年来，三江侗族自治县秉承"绿水青山就是金山银山"的发展理念，通过利用其丰富的生态资源和独特的少数民族茶文化，围绕脱贫攻坚和乡村振兴，将茶产业培育成三江特色优势主导产业。三江县在充分调研和分析的基础上制定了一系列茶产业发展规划，明确了茶产业的发展方向、规模和路径；并在茶园管理、病虫害防治、茶叶加工等方面积极推广绿色、生态、环保的技术和方法，确保茶叶生产的可持续性。同时，通过培训和技术指导，提高茶农的技术水平，实现茶叶产量和品质的双提升。此外，三江县着力打造茶叶品牌，聚力推进茶产业延链、补链、强链建设，全面挖掘侗族茶文化茶历史，丰富涉茶文创产品，推进茶旅融合发展。

（一）以规划编制引领绿色茶产业发展

三江侗族自治县拥有得天独厚的自然生态优势，绿色茶产业具有巨大的发展潜力。为了推进茶产业绿色高质量发展，三江侗族自治县成立了由县长担任组长，相关部门负责人为成员的县茶叶绿色高质高效领导小组。领导小组充分发挥统筹协调作用，出台了一系列政策文件，为茶产业发展提供了有力的政策支持。《三江侗族自治县国民经济和社会发展第十四个五年规划和二○三五年远景目标纲要》《三江侗族自治县茶产业发展战略规划》（2022 - 2030 年）以及《三江茶广西特色农产品优势区创建项目工作实施方案》明确了茶产业发展的目标、任务、路径和措施。三江侗族自治县将围绕茶叶产业绿色、高质、高效的总体目标，加大政策扶持力度，优化产业布局，推广绿色生产技术，提升产品质量，培育行业领军人才，全力推进茶产业绿色高质量发展。为了培养茶叶产业人才，三江侗族自治县还制定了《茶叶产业"侗乡茶匠"人才小高地建设工作计划》。这一计划旨在搭建一个集人才培养、技术创新、产业提升三位一体的人才培养平台，通过实施为期三年的"三江青年茶叶人才培训班"，三江侗族自治县将培养一批具备创新精神、专业技能和实践经验的茶叶产业领军人才和创新创业团队，为茶产业发展注入新的活力。

（二）以绿色技术推动绿色产业进程

在推进茶产业绿色高质量发展的过程中，三江侗族自治县充分发挥自然生态优势，坚持走绿色发展道路，积极实施绿色防控"六个一"（一张纸、一堂课、一个人、一块地、一专柜、一追溯）管理模式。"一张纸"是指印发一批技术规程或政策文件，为茶园绿色防控提供技术指导。"一堂课"是指通过开展植保员或茶农技术培训，提高茶农的绿色防控技术水平。"一个人"是指培育一批植保员作为茶园绿色防控工作的专业力量。"一块地"是指建设一批绿色防控示范基地，展示绿色防控技术的实际效果。"一专柜"是指建设一批茶园绿色防控农资专柜，为茶园提供绿色、环保的农资产品。"一追溯"是指建设农产品质量安全追溯体系，确保茶叶产品的品质和安全。此外，三江侗族自治县还推广绿色种植"五合一"技术模式。推广一批优良品种，如乌牛茶、福云6号等，提高茶叶产量和品质，并应用黏虫板、诱虫灯等绿色防控措施，有效减少病虫害的发生。实施测土配方施肥，根据土壤状况合理施用肥料，并开展有机肥替代化肥，提高土壤有机质含量，改善土壤结构。推进山地茶园单轨运输轨道、无人机"飞防"等农机装备建设，提高茶叶生产效率。通过农业绿色技术的推广和应用，三江侗族自治县茶园的生态环境得到改善，茶叶品质和产量得到提高，茶农的收入也得到了保障，茶产业实现了绿色、高效、可持续发展。

（三）以绿色品牌引领绿色经济崛起

三江侗族自治县致力于茶产业的标准化发展，利用特色农产品区的建设机遇，全力推动绿色、有机茶叶生产基地的构建。三江侗族自治县人民政府网站显示，截至2022年底，全县共有25家企业通过了茶叶绿色认证，并且拥有5 067亩通过有机农产品认证的茶园以及13.78万亩获得绿色食品认证的基地。同时，还有3家企业成功建立了1.2万亩的茶叶出口基地，另外20家新型农业经营实体采用了茶叶绿色高效技术，管理面积达到了5万亩。三江侗族自治县通过推广"五统一"模式，即统一种植品种、统一肥水管理、统一病虫害防治、统一技术指导和统一机械化作业，示范引领了全县茶叶的绿色生态化生产，促进了茶叶产量和品质的双重提升。此外，三江侗族自治县积极推动茶叶品牌发展。目前，已有56家企业通过了SC认证，成功创建了2个区域性公共品牌和298个企业品牌。其中，"天湖冰芽""侗美仙池""正侗兴源"等在内的品牌已被纳入广西农业品牌目录（见表6-3），成为全县茶叶产业的佼佼者。此外，三江侗族自治县在注重茶产业发展的同时，聚力推进茶产业延链、补链、强链建设，将茶叶制作成茶油，全方位提升茶产业的品牌影响力和市场竞争力。借助茶产业，农民在家门口就业创业，实现稳定增收。

表6-3　　　　　　　　三江县入选广西农业品牌目录名单

品牌类型	品牌名称
农业区域公用品牌	三江茶
农业企业品牌	三江侗族自治县仙池茶业有限公司
	柳州市侗天湖农业生态旅游投资有限责任公司
	三江县侗兴源农业综合开发有限公司
农业产品品牌	三江侗族自治县仙池茶业有限公司"侗美仙池"牌茶叶
	三江侗族自治县仙池茶业有限公司"侗美仙池"牌三江茶油
	柳州市侗天湖农业生态旅游投资有限责任公司"天湖冰芽"牌茶叶
	三江县侗兴源农业综合开发有限公司"正侗兴源"牌三江红茶
	三江县三月三乡耶茶业有限公司"三月牙几"牌茶叶

（四）以民族文化赋能茶旅休闲游

三江侗族自治县坚持第一、第二、第三产业融合发展，依托风景秀丽的生态茶园以及独具特色的侗乡文化，在全县建成一批"三茶"统筹高质量发展示范项目。推动茶产业与旅游业、康养产业和新型工业多元结合，建设一批茶旅小镇，将其打造成休闲观光旅游胜地、健康茶旅融合示范区。推出"茶"主题旅游产品和文化体验活动，打造集茶园巡游、文艺表演、采茶体验、茶艺展示为一体的茶文旅盛宴，倾情演绎侗茶文化，持续带来消费新亮点，有效带动全县茶业、餐饮、民宿等产业发展，力促茶区变景区、茶园变公园、茶山变金山。不仅带动了茶产业的发展，还促进了当地旅游业的兴旺，为乡村振兴提供了有力支撑。

重庆市开州区和广西壮族自治区三江侗族自治县的发展实践表明，立足自身生态环境资源优势，以制度引领、科技赋能、品牌建设助力龙头产业高质量发展，并通过对龙头产业强链、壮链、补链，是推动第一、第二、第三相关产业融合发展的有效途径。绿色低碳产业链打造模式不仅能够提高农业生态价值和经济价值，实现农业高质量发展，还能够帮助农民在家门口实现就业创业，助力农民增收，维护社会稳定。

第五节 绿色技术创新模式

农业绿色发展对绿色技术提出了特定需求。为实现最小投入和资源环境代价获得最佳产出和效益，绿色技术的应用需平衡产量与质量、经济与生态、社会与市场的多方关系。精准施肥、生物防控、节水灌溉、就地还田、生态循环等农业技术的研发和推广是解决农业绿色发展问题的有效手段，而校地合作为农业技术研发和推广提供有力支持。此外，农业绿色发展还要通过搭建标准化生产体系促进生产技术创新与迭代、发展数字化管理服务、实现全程品控溯源、确保农产品质量。农业绿色技术创新不仅能够提高农业生产效率，降低生产成本，实现经济与生态的协调发展，还有助于推动农业产业结构调整，促进农业产业链升级与发展，为农民增收致富创造条件。

一、典型案例1：天津市西青区的实践[①]

天津市西青区位于中心城区西南部，总面积565.36平方千米。区域内农业产业以蔬菜、果树、水稻、水产种养为主，形成了高效蔬菜、天津小站稻、特色水产及花卉等优势农业产业格局。近年来，西青区借力智慧农业服务平台，创新小站稻"五统一"标准化生产模式，致力于推动数字化、智慧化、绿色化发展。西青区人民政府网站显示，2021年小站稻春播油菜绿肥还田项目的实施使当季氮肥减量20%。通过推行测土配方施肥，钾肥减投20%，亩均产量增产10%以上，亩均增收180元。示范农场产出稻米品质达到国家优质大米一级标准，受到了市场和消费者的青睐。通过智慧农业服务平台的应用，西青区成功实现了农业生产与绿色发展的有机结合。

（一）构建"五统一"标准化生产体系

在新时代背景下，农产品品质和市场价值已成为农业发展的重要关注点。

---

① 农业农村部.天津市西青区：借力智慧农业服务平台 创新小站稻"五统一"标准化生产模式［EB/OL］.（2022－03－07）［2025－02－20］. http：//www.moa.gov.cn/xw/bmdt/202203/t20220307_6390767.htm.

为此，围绕"品质原粮"这一核心，天津市西青区积极搭建"五统一"标准化生产体系，以规模化、标准化和产业化的发展思路，推动小站稻产业高质量发展。一是实施统一品种。精选优质小站稻品种，确保种子品质，为产出优质稻米奠定基础。通过对品种的严格筛选，结合当地自然条件和市场需求，选育出具有较高产量和品质的品种，以满足消费者对优质大米的需求。二是实行统一农资。加强对农资市场的监管，确保农民使用优质、环保、高效的农资产品。在农药、化肥等农资采购过程中，严把质量关，推广绿色、有机、无公害的农业生产技术，降低农业生产对环境的污染。三是推行统一标准。以西青区特色小站稻为突破口，制定一套严格的生产标准，涵盖土壤、水质、气候等农业生产要素。通过实施标准化生产，提高小站稻的品质和产量，增强市场竞争力。四是实现统一管理。加强对农民的技术培训和指导，提高农民绿色生产意识。通过政策引导、技术支持、市场运作等方式，推动农民专业合作社、家庭农场等新型经营主体实施标准化生产，实现绿色农业的规模化发展。五是建立统一仓储。规范小站稻的收储、加工、包装等环节，确保产品品质。通过整合仓储资源，提高小站稻的储存能力，降低生产风险，为市场供应提供稳定保障。

（二）创新"5＋1"试验功能区

在推进小站稻标准化生产过程中，天津市西青区充分发挥科技创新的引领作用，创新建立了"5＋1"试验功能区。包括品种筛选区、肥料试验区、植保试验区、农机农艺试验区、品质提升试验区和一个小站稻优产提质种植技术集成展示区，为小站稻标准化生产技术创新与迭代提供了有力支撑。品种筛选区致力于筛选适宜当地种植的优质品种，为小站稻生产提供优良种子资源。通过对不同品种的试验种植、对比分析，挑选出具有较高产量、品质和抗逆性的品种进行推广，为小站稻优质高产奠定基础。肥料试验区和植保试验区旨在研究适宜小站稻生产的肥料和植保措施。通过科学施肥、绿色防控等技术手段，降低农业生产对环境的污染，提高肥料利用率和病虫害防治效果，保障小站稻生产过程中的生态安全。农机农艺试验区着力于推动农业生产机械化、现代化。通过引进、试验和推广高效智能农机具和农艺技术，提高农业生产效率，降低农民劳动强度，实现农业生产方式的转型升级。品质提升试验区专注于研究小站稻品质提升技术，通过对种植技术、土壤改良、水肥管理等方面的优化，提高小站稻的品质，满足市场和消费者对优质大米的需求。小站稻优产提质种植技术集成展示区集成了各试验区的优秀成果，展示了小站稻标准化生产的整体技术水平。通过这一区域的平台作用，促进了农业生产技术的交流与推广，为农民提供了一个学习、借鉴和应用先进技术的场所。在"5+1"试验功能区的支持下，天津市西青区不断优化生产种植技术、提升标准化水平，实现了"一品种一方案、一区域一方案"的精准种植。

（三）发展数字化管理服务

在农业绿色发展进程中，数字化管理服务发挥着日益重要的作用。天津市西青区围绕标准化种植生产管理的业务流程，创新性地建立了一体化智慧农场管理服务平台。在统一标准体系建设基础上，通过综合运用卫星遥感监测、精准气象、物联网等农业信息化技术，打造了水稻高标准农田智慧农场（见图6-3），实现了对农场的智能化、精准化、自动化监测，提高了生产管理效率，为现代农业发展注入了新动力。卫星遥感监测技术的应用为农场提供了宏观决策数据支持。通过卫星遥感影像，农场管理者可以实时了解农田

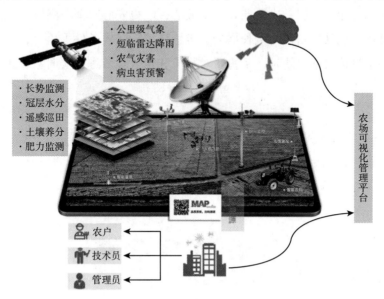

图6-3　水稻高标准农田智慧农场

资料来源：天津市农业农村委员会网站 https：//nync. tj. gov. cn/SY0/XWDT152013/XYDT152014/202303/t20230317_6142884. html。

土壤湿度、作物长势、病虫害情况等关键信息，为种植管理提供科学依据。精准气象技术在农业生产中的运用，为农场提供了及时、准确的气象信息。通过预测天气变化、气象灾害等，农场可以合理安排农事活动，提高作物产量和品质。物联网技术的应用实现了农业生产过程中的智能化、自动化。通过在农田、农机、仓库等环节安装传感器、控制器等设备，实现对农业生产各环节的实时监控和数据采集。此外，数字化管理服务平台还具备培训、交流、科普等功能，为农民提供了一个学习、交流农业先进技术的平台。通过线上线下的培训课程、技术指导等，农民可以不断提高自身素质和技能水平，适应现代农业发展的需求。

（四）构建全程溯源系统

为了确保小站稻的品质和安全，天津市西青区积极构建全程溯源系统，通过"三戳一指数"的方式，向消费者全面展示小站稻从种植、仓储、加工、品评到物流、销售各环节的全程信息（见图6-4）。消费者可以通过扫描产品包装上的二维码，轻松获取土地、化肥、农药使用效率、碳排放量、优质化率等相关数据，让消费者买得放心，吃得安心。全程溯源系统从种植环节开始，记录小站稻的生长周期、土壤环境、气候条件等信息，为消费者提供一手种植数据。同时，系统还对物流和销售环节进行实时数据采集，确

图 6-4 MAP beSide 全程品控溯源

资料来源：天津市农业农村委员会网站 https://nync.tj.gov.cn/SY0/XWDT152013/XYDT152014/202303/t20230317_6142884.html。

保每一粒稻米都能追溯到源头。在物流环节，全程溯源系统对运输工具、运输路线、运输时间等进行严格监控，确保小站稻在运输过程中不受污染。在销售环节，溯源信息包括销售渠道、销售地点、销售时间等，让消费者能够清晰了解小站稻的流向。"三戳一指数"中的时间戳、地理戳、品质戳分别记录了小站稻的生长周期、产地信息以及品质特点，而绿色发展指数则综合反映了小站稻在生产过程中的环保、节能、可持续发展水平。通过这一全面、详尽的溯源系统，消费者可以深入了解小站稻的生产过程，购买到安全、优质、绿色的小站稻产品。

（五）推行绿色生产技术

在推进小站稻产业绿色高质量发展过程中，天津市西青区积极推行绿色生产技术，通过品种筛选、测土配方、智慧农业、智能农机、绿色种植等多手段综合投入，旨在提高资源利用效率，降低生产成本，保障粮食产量，实现生态环保与经济效益的双赢。使用品种筛选技术能够筛选出适宜当地种植的优质高产小站稻品种，为绿色生产奠定基础。优质小站稻品种具有较高产量、高品质和抗逆性，能够提高资源利用效率，降低农药、化肥使用量。应用测土配方技术能够实现精确施肥、减少肥料浪费。通过采集土壤样本，分析土壤养分含量，为农民提供个性化的施肥建议。采用侧深施肥技术，能够将肥料精准施用到作物根部，提高肥料利用率，降低环境污染风险。智慧农业和智能农机的推广，既能够通过卫星遥感、物联网等先进技术实时监测农田环境，为农民提供精准农业信息服务，又能实现农业生产过程的自动化、智能化，降低农机作业对环境的破坏，提高生产效率。绿色种植技术的普及有效降低了农业生产对环境的负面影响。有机肥、生物肥等绿色肥料的使用，绿色防控、生物防治等技术的推广，能够帮助提高土壤肥力，实现病虫害防治的环保、高效。

二、典型案例2：江西省九江市瑞昌市的实践①

瑞昌市位于江西省最北端，长江中下游南岸，素有"通衢"之美誉。全

---

① 江西省农业农村厅. 瑞昌：科技创新引领农业绿色高效发展［EB/OL］.（2023-12-21）［2025-02-20］. https：//www.jiangxi.gov.cn/art/2023/12/21/art_21782_4737771.html.

市耕地面积 1.77 万公顷，占总面积的 12.5%，其中水田面积 0.84 万公顷，占比为 5.9%。瑞昌市主要土壤类型有红壤、石灰性土壤和水稻土，共占土壤总面积的 92.5%。瑞昌市分为南部、中部、北部及城郊四个主要区域，南部和中部的山区以种植粮食、油菜、山药和茶叶为主，北部的丘陵地主要种植油菜和棉花，而城郊区则集中生产粮食和蔬菜。瑞昌市立足油菜、水稻、水产、禽蛋、山药等农业优势产业，通过与科研机构合作，推动绿色种植和养殖技术的开发和实验，逐步探索出符合本地实际的绿色技术规程，并进行推广应用，形成独特的技术品牌。

（一）推进农业技术规程"集成化"

瑞昌市以油菜、水稻、水产、禽蛋、山药等农业主导产业为突破口，通过与中国农业科学院油料作物研究所、江西省农科院、江西农业大学等国内知名科研院所建立紧密的技术协作关系，积极展开绿色种养技术试验攻关。在不断探索和实践的过程中，瑞昌市已成功构建了一套适合本地实际的绿色技术规程，为推进农业绿色生产提供了有力支撑。目前，瑞昌市已制定并实施了油菜绿色高质高效生产技术、稻鸭共养技术、四大家鱼原种繁育和大水面健康养殖技术、松针鸡绿色养殖技术、3A 瑞昌山药绿色技术等多项集成化的技术规程。这些技术规程覆盖了从良种应用到产品收获的全过程，为农民提供了全方位、一体化的农业生产指导。在油菜产业方面，瑞昌市通过与中国农业科学院油料作物研究所等科研院所合作，通过选用优质高产油菜品种，推广测土配方施肥、病虫害绿色防控等技术，提高油菜产量和品质，降低生产成本，为农民增收创造了有利条件。在水稻产业方面，瑞昌市探索实施了稻鸭共养技术，充分利用水稻生长过程中的生态位，实现了水稻生产与生态养殖的有机结合。在水产业方面，瑞昌市与江西省农科院等科研院所合作，开展四大家鱼原种繁育技术研究。通过良种选育、种质资源保护等技术手段，提高水产品种质资源利用效率，保障水产业可持续发展。在禽蛋产业方面，瑞昌市通过选育高产、抗病、适应性强的禽蛋品种，提高禽蛋产量和品质。养殖过程采用绿色饲料、生态养殖模式，确保禽蛋产品安全、卫生、绿色。此外，瑞昌市还针对山药等本地特色农产品，开展专项绿色种植技术研究。通过选用优质品种、推广有机肥替代化肥、实施绿色防控等技术，提高山药产量和品质，打造地方特色品牌。

（二）推进技术应用"模块化"

瑞昌市紧紧围绕农业投入品减量使用、废弃资源利用等重点环节，积极开展技术应用"模块化"探索。通过模块化组装应用成熟、有效的技术，推动农业绿色生产，实现可持续发展。在农药减量使用方面，瑞昌市重点推广稻鸭共养以及杀虫灯、黄板等物理防治技术。瑞昌市人民政府网站显示，截至 2023 年，全市每年稻鸭共养面积达 6 万多亩，拥有杀虫灯 1 500 多台，黄板应用面积 10 万多亩。在化肥减量方面，瑞昌市积极推广"测土配方施肥＋缓释肥＋机械施肥＋精准施肥技术"。每年全市推广油菜种肥同播面积 5 万多亩，水稻侧深施肥面积 2 万多亩，并引进苕草、羽扇豆、肥田油菜、茶肥 1 号等绿肥新品种，发展绿肥种植。施肥过程中推广包膜控释肥、控氮缓释肥、水溶肥、中微量叶面肥以及有机肥，进一步减少化肥使用。在废弃物资源利用方面，瑞昌市推广稻油双秸秆全量还田技术，实施"一场一策、因场施策"，推动生猪规模养殖场配备粪污处理设施。通过技术应用"模块化"，瑞昌市在农业投入品减量使用、废弃资源利用等方面取得了显著成效。在实现绿色农业生产的同时，也为全市农业可持续发展创造了有利条件。

（三）推进技术服务"社会化"

瑞昌市紧紧围绕绿色技术应用操作的标准化和协同性，大力推动农业社会化服务，以实现农机直播、机防、机收、机烘、秸秆还田等全程全系列的机械化。截至 2023 年，全市共有 65 个农业社会化服务组织，农机总动力达到 34.6 千瓦，主要农作物耕种收机械化水平达到 82.05%。为了促进绿色农业技术的大面积连片标准化应用，瑞昌市以农事服务中心为主体，全面推广全程托管服务模式，为农民提供了代种、代耕、代施、代防等服务，并推行统一良种供应、统一肥水管理、统一病虫防控、统一技术指导、统一机械作业"五个统一"。在推进农业社会化服务过程中，瑞昌市抓住农业社会化服务主体这个"关键少数"，加强技术培训和管理。通过培训，提高服务主体的技术水平和管理能力，确保绿色种植技术在社会化服务中得到大面积、标准化应用。

（四）推进技术模式"品牌化"

瑞昌市充分发挥绿色种养技术的带动效应，以技术名称打造具有特色优势的农产品品牌，提升农产品的质量和效益。瑞昌市围绕稻鸭共养技术模式，打造了"瑞昌稻鸭米"绿色品牌。这一品牌以优质稻米为主，通过稻鸭共养技术，实现了农业生产与生态环境保护的有机结合，提高了大米品质，使得"瑞昌稻鸭米"成为了消费者喜爱的绿色农产品。此外，瑞昌市还围绕松针鸡绿色养殖技术模式，打造了百花"松针鸡"绿色品牌。这一品牌以绿色、生态、健康的养殖方式为核心，通过统一技术、统一标准、统一监管，提升鸡肉品质和口感，使得百花"松针鸡"在市场上备受青睐。在山药、茶叶产业方面，瑞昌市依托绿色技术模式，打造了瑞昌山药、瑞昌白茶等区域公共品牌。这些品牌不仅展现了瑞昌市农业绿色发展成果，还为当地农民增收创造了有利条件。

天津市西青区和江西省九江市瑞昌市将科技创新投入作为推动农业绿色生产的关键途径。实践案例表明，技术进步和创新应用能有效减少环境污染，防止生态退化。技术创新和推广的力度越大，越有助于农业生产方式的转变和农业生产效益的提升。绿色技术创新模式通过推广资源节约、环境友好、生态保护和优质农产品供给等方面的新装备和新技术，推动农业生产向清洁能源、循环利用和低碳排放方向发展。绿色技术创新模式旨在通过绿色技术创新以较少的资源消耗获得较高的经济社会效益，推动农业绿色发展迈向更高水平。因此，推动农业绿色发展，需加大对农业绿色科技的投入。深入研发和推广农业绿色技术，不仅能降低生产过程中的资源消耗和污染排放，还能提升农业整体的生态和社会价值。

第六节　体制机制创新模式

建章立制在农业绿色发展中的作用至关重要。在农业绿色发展的过程中，必须以"绿色、生态、高效、规范"为目标，不断探索和创新农业体制机制。体制机制创新是农业绿色发展的基石，要构建以资源管控、环境监控和产业准入负面清单为主要内容的农业绿色发展制度体系，科学、适度、有序的农业空间布局体系，绿色循环发展的农业产业体系，以绿色生态为导向的政策支持体系和科技创新推广体系，全面激活农业绿色发展的内生动力。

一、典型案例 1：福建省龙岩市上杭县的实践①

上杭县位于福建省西部，总面积约 2 879 平方千米。近年来，上杭县深入贯彻落实习近平生态文明思想，践行"绿水青山就是金山银山"理念，把土壤污染治理作为重要的民生工程、民心工程来抓，针对土壤污染治理难度大、成本高、见效慢等现象，在全国率先推行"土长制"，积极探索"三长合一""立体治理"思路，强化源头管控，建立土壤生态环境管理新机制，打好打赢净土保卫战。在"土长制"的有效推动下，上杭县形成了政府、企业和社会多方参与的土壤污染防治体系。农业农村部网站显示，2020 年以来，一批矿山建成了公园，实施农田安全利用 7.2 万亩，全县规模畜禽养殖场粪污处理设施装备配套率达 100%，畜禽粪污综合利用率达 90% 以上，土壤污染防治工作取得明显成效，土壤环境得到改善，土壤质量逐步提升。

（一）"土长"全覆盖

土地是一切植物生长的基础，土壤质量的好坏对农作物的产出具有决定性影响。2020 年 9 月，上杭县印发《全面推行土长制工作实施方案的通知》，旨在建立一个覆盖县与乡（镇）两级的"土长体系"。县政府主要领导担任总土长，由分管生态环境工作的副县长担任第一土长，乡镇长、工业园区管委会主任兼任辖区"土长"，实现土长责任体系全覆盖。上杭县《全面推行土长制工作实施方案的通知》中明确规定各级土长将直接负责本区域内的土壤环境保护与管理，并提出七项重点工作任务，即掌握全县土壤环境质量状况、严格监管各类土壤污染源、加强农用地保护与安全利用、严格管控建设用地环境风险、强化未污染土壤保护、有序开展土壤污染治理与修复和强化土壤环境监管等。此外，上杭县还整合生态环境局、发改局、财政局等 22 个县直涉土部门资源，建立土壤污染防治联席会议制度、巡土登记制度、土壤

---

① 农业农村部. 福建省龙岩市上杭县："土长"当家 守护一方净土［EB/OL］.（2022 – 03 – 11）［2025 – 02 – 20］. http：//www. moa. gov. cn/xw/bmdt/202203/t20220311_6391834. htm.

污染重大事项快速反应制度，及时妥善处置土壤监管与保护重大问题。已推出河（湖）长制致力于水资源的保护和水污染的治理，林长制关注于森林资源的保护和可持续发展，土长制则专注于防治土壤污染及其修复。"三长合一"不仅完善了生态与环境监管的体系，还加强了全面保护生态环境的能力。

（二）监管全方位

上杭县坚持依法治土，创新应用卫星遥感、视频监控和无人机巡查等监管手段，探索对企业拆除、土壤污染风险管控、修复等活动现场实施信息化监管，将加强监管执法作为环境治理体系和治理能力现代化建设的重要内容。依托蛟洋工业区地下水监控平台，完善土壤环境监测预警系统模块，探索"土壤＋地下水"智慧监管模式。建立全县土壤环境质量状况定期调查制度，以农用地和工矿企业用地为重点，全面开展土壤污染状况详查，掌握重点污染地块分布及其环境风险情况。根据用地类别设定管控指标，建立土壤环境重点企业名单动态更新、新改扩建项目土壤和地下水环境调查等13项工作制度。建立土壤环境监测体系，全链条管控工矿企业环境、农业面源污染、生活污染，实现土壤环境质量国控点位、基础监测点位、风险监测点位全县覆盖。与土壤重点监管单位签订土壤污染防治责任书，建立土壤污染隐患治理挂牌督办制度，采取"双随机"模式抽查重点监管单位规范化执行土壤与地下水污染防治措施情况，根据抽查结果建立重点监管单位环境信用等级，进行差异化管理。不定期对重点监管单位隐患整改情况进行"回头看"，隐患整改情况作为环境信用等级评价依据之一。

（三）保障全过程

为了常态长效解决土壤污染防控与治理修复问题，上杭县全周期强化污染治理"三重保障"。一是强化制度保障。建立全周期考核问责制度，将土壤污染防治目标责任考核纳入党政领导生态环境保护目标责任年度考核体系，并将考核结果作为土壤污染防治资金分配的重要参考依据。建立土壤污染隐患治理挂牌督办制度，全程督办、限期整改土壤污染等重大隐患，推动隐患治理闭环管理。二是强化资金保障。不断加大财政投入力度，先后投入 2 400 万元进行保障土壤环境调查与监测评估、土壤环境监测能力建设、日常监管能力建设、科技研发、试点示范、农村污水垃圾设施等项目全周期建设。统筹农业综合开发、高标准农田建设、农田水利建设、耕地保护与质量提升、测土配方施肥等涉农财政资金，将其更多地用于优先保护耕地集中的乡镇，适当奖励优先保护类耕地面积增加的乡镇。三是强化技术保障。专门聘请生态环境部环境规划院，开展高背景值区识别及评估技术方法、高背景值区农田安全利用技术模式编制，建立健全上杭县高背景值区土壤污染风险防控制度和土壤风险源全过程监管制度。加强监管平台建设，注重全周期监管，整合县内重点排污企业主要污染物在线监测、重点危废企业视频监控、水质自动监测站、大气自动监测站等多数据平台，建设水气土全过程协同监管平台，不断提升环境全周期监管数字化水平。

二、典型案例2：四川省眉山市青神县的实践[①]

青神县位于成都平原西南部，北邻东坡区，南接乐山市，西望峨眉山，总面积386.8平方千米。近年来，青神县抢抓全国农药包装废弃物回收处置试点县的发展机遇，创新推动"333"农资管理模式的实施，构建了数字化管理平台，有效地提升了农药包装废弃物的回收效率。为了更好地推进农药包装废弃物回收工作，青神县建成农业废弃物资源化利用回收站，并在全县范围内新设119个回收点，目的是方便农民就近投放废弃物，提高回收率。在此基础上，青神县还搭建了销售、管理、清运三级数字化服务平台，实现全县农药包装废弃物的全覆盖追踪管理。这一创新模式将传统的回收方式与现代科技相结合，提高了废弃物回收的便捷性和准确性。2022年，全县农药包装废弃物无害化回收处置率达到了87%，显著降低了环境污染风险。

（一）"三方主体"协同攻坚，破解农业废弃物回收难题

青神县积极响应国家绿色发展号召，紧紧围绕"三方主体"协同攻坚，破除"上热中温下冷"的顽疾，探索出一条农业废弃物回收处置的新路径。

---

① 农业农村部. 四川省眉山市青神县：创新"333"管理模式 高效回收处置农药包装废弃物[EB/OL]. （2022-04-13）［2025-02-20］. http：//www. moa. gov. cn/xw/bmdt/202204/t20220413_6396208. htm.

青神县坚持全盘谋划、分源施策，构建部门协调、群众参与、推动督导的集中收集处置方式。一是充分发挥政府引导作用。青神县相关部门印发《农药包装废弃物回收处置工作实施方案》，对任务进行细化量化，为相关工作提供明确的指导。二是注重激发群众参与活力。通过常态化的教育提高农民的环保意识，引导他们积极参与农药包装废弃物回收工作。目前，青神县举办了两期农药包装废弃物回收专题培训班，印发口袋书 6 000 册，并组织全县农资经销商学习法律法规、农技知识，以营造良好的参与氛围。三是县严格落实市场主体责任。严格按照《农药管理条例》等相关规定，淘汰 41 家不符合标准的农药经销店铺，并建立了农药的入库、销售及回收的一整套台账系统，实现了销售与回收的高效管理。有效地规范了农药市场，控制了农药包装废弃物的生成。通过"三方主体"协同攻坚，青神县成功破解了"上热中温下冷"的顽疾，推动了农药包装废弃物回收处置工作的深入开展。

（二）"三项机制"闭环管理，引领农业废弃物回收新潮流

为进一步推进农药包装废弃物回收处置工作，当地政府创新性地提出了"三项机制"，旨在明确责任归属和鼓励各方参与。青神县采用以积分制、有偿制、押金制市场化回收模式为核心的十二分制农资管理办法，旨在激发各方积极性。首先，青神县推行积分制管好销售端。出台十二分制农资管理办法，制发《青神县农资经营监管扣分细则》，细化农资经营门店管理、销售管理等 5 个方面 23 项扣分标准。由执法大队开展日常执法督导检查，确保农资经营者在规定范围内开展业务。其次，青神县创新押金制约束使用端。全覆盖安装农药包装押金收退终端电子信息平台，按照"一品一码"的要求为每一瓶农药建立电子身份，实现押金收退流程规范化和监管全程化。最后，青神县实行有偿制激励回收端。制定农业废弃物资源化利用回收管理办法，通过政府采购确定专业公司开展回收处置，对农业经营主体按照 0.7 元/斤有偿回收。

（三）"三大功能"全程管控，构建农业废弃物回收智慧体系

青神县为进一步提升农药包装废弃物回收处置工作效能，巧妙运用"三大功能"，精准打造"千里眼、顺风耳"，为农业废弃物回收工作提供强有力的技术支持。一是强化全程可溯监管功能。对区域内的农药销售单位铺设整

合农药销售、押金回收、押金管理功能的管理端，经销商通过销售扫码、在线登记等方式，实时收集农药销售数据、押金管理数据等，实现可回溯监管。二是强化智慧监控功能。通过农药包装回收、农资废弃物综合监管、物流管理等形象化展示，直观呈现辖区内所有销售和回收网点分布以及当日各个销售门店销售和押金回收情况，为农业综合执法提供数据支持，协助政府精准施策，高效推进相关工作。三是强化实时反馈功能。通过数据服务平台的推送实现了从工单处理到包装清运的全过程管理，及时将清运数据反馈到管理平台，以便政府实时掌握废弃物回收情况，确保回收工作高效推进。通过"三大功能"的全程管控，青神县成功构建了一套将先进技术融入回收过程的农业废弃物回收智慧体系，有力地推动了农药包装废弃物回收处置工作的开展。

福建省上杭县和四川省青神县的实践表明，体制机制创新是影响农业绿色发展的重要因素。在其他农业绿色生产要素投入增长受到制约的情况下，地方政府应充分认识到体制机制创新在推动农业绿色发展中的重要作用，积极探索适合本地区实际情况的改革路径和方法，深化现代农业体制改革，构建农业绿色经营体系和农业科技支撑体系，制定农业绿色发展考核标准，激发农业农村发展活力，在消费和政策引导下快速提高农业绿色发展水平。

第七节　案例研究总结

综上所述，农业资源保护利用模式、农业面源污染防治模式、农业生态保护修复模式、绿色低碳农业产业链打造模式、绿色技术创新模式和体制机制创新模式都是各地区在农业绿色发展方面的自主探索。这些模式结合了所在地区的社会经济条件和自然资源优势，为类似地区提供了可复制的农业绿色发展经验。从共性上看，六种模式都将科学技术有效地融合在农业发展过程中。无论是推广生物肥、有机肥，还是实施秸秆还田、废物循环利用，都凸显了科技对于推动农业可持续发展的关键作用。从发展特征上看，六种模式致力于全产业链发展，强调产业链各环节间的协同与共进。例如，在生产环节强调采用绿色技术，而在销售环节则侧重于品牌建设和利用电子商务进行市场营销，共同推动农业全链条的绿色化。从模式特征上看，六种模式在某种程度上与其他产业相结合，如乡村旅游、休闲农业等，既促进了农业发展向绿色转型，也帮助农民增加了收入。在差异方面，六种模式在推进农业绿色发展方面有不同的侧重点。比如绿色技术创新模式，相较于其他模式更注重科技对农业绿色发展的推动作用。展望未来，农业绿色发展应更多地结合地方的经济环境与生态优势，发挥科技和人才的双重力量，推广先进的绿色技术，同时发展和强化完整的绿色产业链，有效连接生产与销售两端，以促进农业的现代化和可持续发展。

第七章

我国农业绿色发展的实践路径

第一节 保护农业资源，提高资源利用效率

习近平总书记指出，要抓住资源利用这个源头，推进资源总量管理、科学配置、全面节约、循环利用，全面提高资源利用效率。[①] 土地是农业生产的基础，当前土地资源利用矛盾已十分尖锐，未来 10～15 年将面临更大挑战。合理利用土地资源，包括科学耕种、合理轮作、精确施肥等措施，可以提高土地的利用效率、减少土地的浪费。水是农业生产中不可或缺的要素，但全球水资源日益紧缺。采用节水灌溉技术、改进灌溉制度、发展雨水收集等措施可以实现农业生产对水资源的合理利用、提高水利用效率。农业生产对生态环境的影响巨大，特别是对生物多样性的破坏。保护耕地周边的自然生态系统，采用生态农业模式、推广有机农业等措施，可以减少农药和化肥对生物多样性的影响，保护农田生态系统的稳定性。对农业生产中产生的农作物秸秆、畜禽粪便等废弃物，通过科学的方法使其转化为有价值的资源，不仅有助于减少环境污染，还能促进农业可持续发展、提高农业生产效率。

一、建立健全农业资源利用法规及监管机制

建立健全农业资源利用法规及监管机制是实现农业可持续发展的重要保

障。首先，健全财政支农资金使用制度。在过去几年中，公共财政在农业方面的投资持续增加。农业和农村部门必须严格执行中央关于强化农业资金管理链条的指导意见，确保资金管理责任的落实，并完善管理体制。此外，要建立起系统的纵横监管网络，确保投入的财政资金能有效发挥其作用。地方农业部门应加强项目审批和评估的管理，确立持续的抽查和核审机制，并利用纪检监察、审计和公众监督等多方力量，严肃处理资金管理中的违规行为。同时，提升监管信息化水平，强化数据分析和核实工作，确保资金的透明和高效使用。其次，积极拓宽投入渠道。在积极争取更多的财政补贴的同时，应当利用财政资金的导向作用，引入金融和社会资本支持农业绿色发展，争取在畜禽粪污资源化利用、农作物秸秆综合利用、耕地保护利用等领域探索形成一批实现农业绿色发展投资增值回报的政府与社会资本合作示范模式，引导社会资本投入农业绿色发展；争取将绿色生态农业纳入绿色发展基金，研究设立草原、长江水生生物等农业生态系统保护基金，拓宽农业生态保护、绿色发展的资金渠道。最后，加大督导考核力度。定期组织专项监督活动，督促地方政府将实施农业生态补贴作为实现生态文明和推进农业绿色发展的重要手段，明确目标任务，落实工作措施。加快建立以绿色生态为导向的农业补贴政策绩效评价机制，并将考核结果与补贴挂钩，全面推动农业绿色发展。

二、保护耕地资源，提高耕地利用效益

党的十八大以来，我国在耕地保护方面取得了显著成就，形成了兼顾耕地数量、质量和生态的"三位一体"综合保护利用制度。然而，我国耕地的人均占有量较少，高质量耕地和后备耕地也相对匮乏，因此仍需高度重视耕地保有量、质量提升以及生态修复治理等方面的问题。

在保障耕地数量方面，要重视优质耕地的减少隐患，建立健全耕地保护补偿、考核等制度，推进耕地保护的制度化、规范化、法治化，同时保护永久基本农田的数量，明确永久基本农田、生态保护红线、城镇开发边界三条控制线的划分细则，严格耕地用途管理，保障耕地资源的底数，降低耕地"非粮化"现象，破解提升耕地经济、社会效益的阻碍。

在耕地质量提升方面，《"十四五"全国农业绿色发展规划》指出到2025

年力争实现农业绿色发展系统推进，持续减少化肥和农药的使用量。为此，一方面要积极推行测土配方施肥技术，加大有机肥的施用量，提高肥料的利用率。施用有机肥料不仅能减少传统化肥生产过程中的能源消耗和环境影响，还能增加土壤中的有益微生物、改善土壤结构、降低土地退化的风险。此外，要推广水肥一体化技术，保持耕地土壤的水力和肥力，对高标准农田和东北优质耕地进行管理维护，明确维护耕地资金、管理主体与责任，维护农田和耕地质量的持久性。另一方面，推广高效、低毒、低残留的农药，开展病虫害的统防统治和绿色防控工作，通过无人机飞防和物理防治技术，尽可能减少农药的使用量。

在生态修复治理方面，首先，建立多层级联动的风险预警体系，依托高分辨率遥感监测、物联网传感网络和大数据分析技术，实现对耕地土壤 pH 值、重金属含量、有机质水平等关键指标的动态监测。例如，在长江中下游地区，通过建立覆盖县—乡—村三级的智能监测站，已实现对镉、砷等污染元素的实时追踪。其次，构建差异化治理框架，依据《全国耕地质量等级评价》划分风险等级，将污染耕地划分为优先保护区（污染指数 <0.7）、安全利用区（0.7 – 1.5）和严格管控区（>1.5），针对不同区域实施精准修复策略。最后，对于占国土面积 10.32% 的盐碱地，在东北苏打盐碱区推广以稻治碱技术，通过暗管排盐降低土壤含盐量；在西北干旱区则采用生物修复法，种植耐盐碱的柽柳、枸杞等植物，实现生态与经济效益双赢。

三、推广灌溉节水技术，提高农业水资源承载力

为了增强农业水资源的可持续利用，我国积极推广灌溉节水技术，致力于提高农业水资源的承载能力。提高农业水资源的承载能力不仅涉及水资源的合理开发，还包括生态环境的保护和农业水资源的长期可持续发展。面对水资源短缺和生态环境恶化等挑战，必须严格遵循水资源管理原则，执行"五控"制度。即控制地下水开发总量、水位、用途、水质及机电井数量，并建立农业灌溉用水的监测系统，封闭自备水源井。要加强水利设施的管理与维护，确保水利项目的持续运行，从而不断改善河流和湖泊的水生态环境。并强化对河流与湖泊的管理，构建强有力的河湖管护机制，增加河湖巡查频次，在提高地表水利用率的同时，有效补充地下水。

2022 年和 2023 年，农田灌溉用水的有效利用系数分别为 0.572 和 0.576，虽然系数有所提高，但增长幅度有限，这表明仍有约 42% 的农业用水在灌溉过程中未被有效利用。2013 年，我国发布了《实行最严格的水资源管理制度考核办法》，以加强水资源管理、节约和保护，提高水资源的利用效率，优化用水结构。要实现农业节水增效，首先需要调整种植结构，种植需水较少的作物，如将玉米改种为杂粮、牧草、药材等；推广高效节约的种植技术，大力发展节水型农业，推广无膜浅埋滴灌技术，对地下水灌溉农田进行科学管理；逐步推进农业水价综合改革，实现水资源的合理定价和分配，强化水资源的利用约束。其次，要建立农业节水补偿机制，对采用农田节水技术和基础设备的农户给予水费优惠或补助，激发农民使用节水技术的积极性，减轻用水成本，降低农民负担。再次，要制定农业重大节水技术补贴政策，将水肥一体、膜下滴灌、集雨补灌等技术纳入补贴范围，同时进行旱作节水农业技术的研发与推广，促进农民发展节水农业，提高农业水资源的承载能力。最后，将节水农业纳入政府农业发展专项财政，增加对农业的投入和对农户的支持力度，同时构建多元化、多渠道的节水农业投入机制，有序引导金融、社会资本和新型农业经营主体投入节水农业建设领域。

四、强化农业科技支撑，提升农业资源利用效率

强化农业科技的支撑作用、提高农业资源的利用效率是推动农业绿色发展的重要手段。实现农业绿色发展需要转变农业科技创新的方向，广泛推广低耗能、生态友好型、循环再生的绿色技术。将技术研发置于核心位置，将科技注入农业的生命之中，加大相关科技投入资本，优化资源配置，可以有效利用资源要素，提升农业生产效率。通过科技支撑提升农业资源利用效率可以从四个方面着手：一是加强科技研究与应用的融合，推动科技创新、科技成果转化和科技人才培养等关键要素，构建农业生态文明。根据各地实际情况，制定粮食安全和耕地资源保护策略，利用高校、科研机构的技术和人才资源，逐步建立企业与学校、研究机构的合作模式，形成政府支持下的农业技术创新体系。探索"产学研"合作和地方政府支持的新型合作模式，推动农业现代化和可持续发展。二是面对农业绿色发展的新形势和新要求，整

合现有农业资源，积极发展循环农业。加强对土壤、水、大气等环境要素的保护，提高各类资源的综合保护能力。推广测土配方施肥技术，加强土地养分管理，从传统的施肥方法转变为施肥专家系统，通过手机应用程序提供信息服务、土壤分析和施肥建议，实现化肥的精准使用。广泛推广有机肥和配方肥的使用，提高土地生产力和农作物产量。促进农作物秸秆还田，提升耕地质量。三是在中西部地区广泛推广农业科学技术，实施机械化栽培技术，实现种植的机械化。通过种养结合、产供销一体化经营模式，构建农业循环体系。加强可持续农田利用模式和产业结构调整模式种植技术支撑，攻克农业可持续发展的瓶颈，在维护国家粮食安全的同时降低生态成本。四是针对农业生产能源消耗，在农业生产区域应发起煤炭等化石能源减量活动，兴建风电、太阳能设施，使用生物能源或可再生能源，降低煤电占比。加大生物发酵设施、沼气池、秸秆汽化炉等设备投入，以技术手段将农业废弃物转化为农业资源，加强循环农业在农业系统中的占比，将稻壳、秸秆等废物转化为含碳资源，随后进行加工再利用，实现碳元素在农业过程中循环，降低温室气体排放。

第二节　防治农业面源污染，提升产地环境质量

我国农业生产方式产生的面源污染给农村生态环境带来严重的外部影响，加剧了土壤和水体污染风险。目前，农业面源污染已成为农村地区环境污染的主要来源之一。有效控制农业面源污染、消除污染源、改善农业生产环境、确保农产品产地环境安全是推进农业绿色发展和生态环境治理的现实要求，也是实施乡村生态振兴战略的关键举措。要坚持农业投入品减量化、生产清洁化、废弃物资源化、产业模式生态化导向，逐步减少化肥、农药施用总量，优化肥料和药品施用结构，推动畜禽粪污无害化处理、农膜等废弃物回收利用和农作物秸秆资源化利用，实施化学投入品减量和废弃物循环利用工程，集成推广先进的肥药施用和废弃物处理技术，并以农业面源污染大数据监测技术为支撑，全面推动农业面源污染治理。

一、深化农业面源污染治理试点示范区建设

建设农业面源污染治理的试点项目，巩固农业面源污染治理的基础设施，可以有效发挥农业面源污染治理示范区域的带动作用。农业面源污染防治任务艰巨，邻接地区间农业面源污染防治可能面临的相似的治理难点，为实现在治理过程中"还旧账、不欠新账"，寻找易复制、可推广、有成效的农业面源污染治理模式和管理措施，建议在典型流域、区域内开展农业面源污染防治试点示范基地。地方政府和相关部门应根据各自区域的实际情况以及当地的优势资源，选择和开发最适合本地的试点类型。

（一）高标准农田试点建设

为了提升我国农业的整体竞争力，将传统农田改造成高效、高产、可持续的高标准农田显得尤为重要。高标准农田土壤肥沃、设施完善，能够抵御自然灾害、保证农作物的稳定输出，有巨大的发展潜力。高标准农田建设能全面提高土地使用效率，降低环境污染，实现农业生产的可持续性。鉴于中国各地自然环境和耕地条件的差异，各地方政府在筹划开展高标准农田示范项目时需先进行深入的土地和环境分析，评估项目的实施可行性。并依据地理位置和气候特点，制定合适的农田建设策略，详细规划实施步骤及时间表。随着示范项目的逐步完善，应持续增加财政与技术投入，确保高标准农田建设能够在更广泛的区域推广。高标准田建设可以有效促进农业资源的优化配置，提高农作物产量和质量，推动中国农业向更高标准、更高质量的方向发展。

（二）农业面源污染监测农田试点建设

农业面源污染的隐秘性和不可预测性使得其排放的检测与量化成为一项挑战，极大地增加了农业面源污染管理的难度。信息科技多领域融合快速发展为农业面源污染排放的监测提供了新的可能性。建议在农业面源污染问题突出的地区推进示范田项目的建设，依据生态环境部和农业农村部发布的《农业面源污染治理与监督指导实施方案（试行）》，遵循"聚焦关键点、区域治理、精细化管理"的工作策略和具体任务，以实现对农业生产过程中污染排放的实时和全面监控。地方政府应以监控数据为基础，建立全方位的农

业面源污染防治体系，制定与农业绿色发展相关的监控与评估标准，进一步开展农业污染监测与评估机构的构建。通过实施农业面源污染农田监测示范项目建设，形成一个可防可控的农业面源污染新态势，促进农业可持续发展。

（三）农业面源污染养分提取再利用农田试点建设

农业面源污染通常是化肥使用不当及农田垃圾积累造成的，面源污染物通过地表径流进入水体，导致水体中积聚了大量未被作物吸收的营养成分，如氮、磷、钾等。基于"养分浪费—面源污染—养分再供应"的逻辑链条，可以探索农业面源污染养分提取再利用农田试点建设。地方政府应积极推动污染养分提取再利用项目的实施，旨在减少农业面源污染物对水体的负面影响，提高农业面源污染中营养成分的再利用率，降低对化肥的过度依赖。此外，农业科研部门要加快突破农业生产中的面源污染养分循环再利用的技术瓶颈，为有效地控制和减缓农业面源污染、提高整体的生态效益和改善水环境质量提供技术支持。

二、推进农业大数据系统在农业面源污染防治中的应用

未来农业面源污染防治任务对监测技术的要求将越来越高。为了应对这一挑战，要加速构建以农业面源污染防治为核心的农业大数据系统，为农业面源污染监测提供坚实的技术支撑。党的十九届六中全会上提出了"建设科技强国，并将科技自立自强作为国家战略支柱"的目标，这为农业科技自主创新提供了方向。建立一个高效的农业面源污染监控大数据系统需要依赖农业科技的持续发展。政府应当强化对农业科技基础研究的持续支持体系，促进大数据技术与农业产业的深度整合，借助科技创新驱动农业向绿色可持续发展转型。

（一）推进农业面源污染监测设施投入使用

农业大数据监测系统的构建依赖于先进的监测技术，采用监测技术能够实时收集农业生产活动中污染排放数据，从而为精确评估农业面源污染状况提供直观的数据支持。目前监测技术正处于初期应用阶段。政府需积极推动先进监测技术在农业领域的广泛运用，并搭建一个专注于追踪和分析农业面

源污染问题的大数据平台。该平台旨在在农业生产高峰期间监测和评估污染排放，并构建预警系统，以推动大数据技术在提高政府管理效能上的应用。同时，政府还需持续推动农业大数据技术的研究并提供必要的政策支持，以解决农业绿色发展过程中遇到的各种问题，从而促进大数据技术在农业领域内的全面发展。

（二）发挥新型资源要素农业大数据的重要性作用

在现代农业的背景下，农业大数据的重要性日益凸显，它作为一种新兴的农业资源要素，正发挥着其独特的作用。大数据技术作为信息技术和服务行业的新标杆，通过对数据的深度剖析提供创新的价值服务，已逐步演变为国家的战略性核心资产。在数据成为生产力的时代背景下，农业大数据已经成为推动农业现代化和建设农业强国的关键因素。政府应认识到农业大数据在农业发展中的巨大潜力，并采取措施促进其与农业绿色发展的深度融合。借助大数据技术对农业数据进行深度挖掘，能够为农业绿色生产提供预警、指导及预测服务，促进信息技术在农业面源污染治理方面的应用，加速现代化智慧农业体系的构建与完善。

（三）通过共享农业大数据破解农业绿色生产困境

资源与环境约束是农业发展的关键瓶颈。大数据技术的应用使农业生产迈向精准化与智能化管理的新阶段，有助于优化资源配置、提升生产效率并促进生产结构的合理调整。此外，大数据共享机制还能驱动农业供需两侧的结构性改革、稳定绿色农产品价格、提高农户收益、激发其参与面源污染防治的积极性。在大数据时代背景下，政府应充分挖掘该技术在农业领域的应用潜力，探索构建农业大数据应用平台及市场空间。利用大数据的即时性与精确性，增强对农业绿色生产的扶持力度，为政策制定提供科学依据，高效应对并解决农业绿色发展中的各项挑战，为农业可持续发展筑牢技术根基与解决方案框架。

三、加快农业面源污染防治科技成果落实转化

现代化农业的发展和农业面源污染防治工作都离不开先进科技成果的落

实和转化。然而，科技成果的转化过程往往充满挑战，技术成果难以顺利应用于实际生产是制约科技进步和社会经济快速发展的重要因素之一。因此，加速面源污染防治领域科技成果的转化与实施显得尤为关键。农业面源污染防治科技成果落实转化需着力破除科技领域的体制壁垒与机制束缚，在国家政策引导、农业经营实体参与及市场需求反馈之间构建紧密协作框架，推动创新科技成果在农业面源污染防治领域的应用，为农业生产注入坚实的技术力量，确保面源污染问题得到有效遏制。

（一）建立以服务为导向的农业面源污染防治科技创新体系

为了深入探究农业面源污染防治的关键核心技术，政府需要积极构建一个层次分明、职责明确且适度竞争的科技创新生态体系，同时提供政策与制度上的支持，以确保科技创新成果能够顺利应用于实际生产。政府应积极推动跨学科、跨领域的科研团队合作，强化中央与地方、企业与科研机构之间的紧密协作，以此促进农业面源污染防治技术的研发、集成与应用。通过对面源污染技术从点到线再到面的广泛推广，加速农业面源污染的防治进程。

（二）做好科技创新成果向实际生产力转化的衔接

科技成果向实际应用转化的过程常因环节间衔接不畅而受阻。政府应发挥桥梁作用，消除科技创新与生产实践之间的隔阂，推动"政产学研用"深度融合，确保科技创新有效转化为生产力。在农业面源污染防治领域，政府作用尤为凸显。政府不仅要为环境友好型农业科技创新提供支持和研发平台，保障科技创新持续推进，还要确保先进污染面源防治技术在农业生产中的落地应用。此过程涉及的科技成果产业化、企业规模化生产与销售、农户对新技术的接纳等多阶段，均需要政府积极介入。借助政府作用积极推动市场引导创新资源的有效配置，促进基于先进农业科技的面源污染防控措施有效实施。

（三）推广绿色农业技术，落实人才与研究经费支持保障

将农业面源污染防治技术深度融入农业生产需实施一系列环保策略，如推广测土配方施肥、采用有机肥替代化肥、精准施药及使用可降解农膜等先进技术。因此，要举办科技培训与成果展示活动，助力各经营主体掌握农业

资源综合利用与生态恢复等关键知识，提升农业环境友好性。为了确保农业绿色技术的持续创新与发展，一方面，政府应促进创新链、产业链与人才链的有机结合，引导科技人才致力于科技创新研究，并实施相应的人才保障计划；另一方面，要设立专项基金，加大对农业绿色技术研发的资金投入，特别是在关键科研领域，确保研究经费充足。在农业面源污染防治取得初步成效后，政府应保持稳定中求进的态度，推动绿色技术应用并做好更新升级准备，有序开展种植业面源污染防治行动，促进农业经济稳定增长。

四、激发农业面源污染防治参与主体的积极性

农业面源污染防治是一项任务繁重、涉及范围广泛且需要长期努力的综合性农业环境保护工程。众多参与主体在这一过程中扮演着不同的角色，并发挥着各自的有效能动作用。政府在这一过程中扮演着关键角色，需要建立完善的帮扶长效机制，以确保农业农户和技术企业能在防治工作中有序地开展相关活动，为农业面源污染防治体系的长期稳定提供有力支持。

（一）注重发挥领域专家在农业面源污染防治中的技术支撑作用

2021 年，生态环境部与科学技术部共同推出了《百城千县万名专家生态环境科技帮扶行动计划》。该计划呼吁全国的科技工作者积极投身于生态环境保护事业，旨在建立一个符合新时代要求的服务型生态环境科技创新框架。为了充分利用专家们在科技领域的知识和经验，计划提出要建立一个专门的农业面源污染防治专家信息库，助力农业面源污染防治工作的深入实施，为农业农户和环境友好型技术企业提供必要的技术支持。通过领域专家的积极参与，可以促进多方主体共同构建一个长期的农业面源污染科技帮扶机制，以此持续推动服务导向型农业面源污染防治科技创新链条的建设和发展。

（二）充分激发农业农户在农业面源污染防治中的关键作用

作为农业面源污染的首要责任实体，农业农户在防治工作中扮演着直接且重要的角色。因此，政府应当根据农业面源污染的特性、地理和气候条件以及环境等因素的差异性和集聚性，对农业农户的生产活动施加影响。政府部门应根据地方和邻近区域的实际情况，充分发挥农业农户在面源污染防治

中的作用，因地施策、精准选取支持模式并制定针对性防治措施，推动精细化管理监督体系的构建，促进农业面源污染的精准、科学和依法防治。此外，政府部门还应搭建长效管理监督机制，确保在有效遏制农业面源污染的同时，助力农业生产和农业经济的稳定增长。针对农业面源污染问题突出、防治工作难度大的关键区域，应当从强化农户防治能力、提升技术企业研发实力等维度加大扶持力度，明确帮扶的重点领域，以促进标准化农业面源污染防治体系的建立，并推动形成持久的污染防治监管机制。

（三）积极倡导社会各界协同参与农业面源污染防治行动

农业面源污染治理的牵涉面较广，需要全社会的共同参与。要鼓励社会组织机构和相关企业遵循整合资源、自愿合作、合理组建、注重实效、动态调整的原则开展社会帮扶工作，为有力推进农业面源污染防治攻坚、加速农业绿色发展进程开辟新路径，让社会各界都参与到农业面源污染的防治行动。政府部门应当制定相应的政策措施，增强社会机构和相关企业开展农业面源污染防治的动力，促使产业经济与农业污染防治实现更深层次的融合，完善帮扶机制，确保农业面源污染得到有效控制并推动农业经济稳健增长。

第三节　保护和修复农业生态，提高生态涵养功能

实施全国重要生态系统保护和修复重大工程是党和国家重大决策部署，2020 年 6 月 11 日，国家发改委、自然资源部联合印发了《全国重要生态系统保护和修复重大工程总体规划（2021－2035 年）》，其目标是要通过大力实施重要生态系统保护和修复重大工程，全面加强生态系统保护和修复工作，实现全国各类自然生态系统状况的根本好转。近年来，农业生产方式倾向于高产出导向的集约化管理，过量使用化肥和农药、高强度耕作以及不合理灌溉导致水土污染加剧、土地肥力衰退、农产品质量下滑等环境挑战凸显，农业生态环境承载力日益下降，生态功能持续退化。因此，要加大农业农村生态环境保护工作，全面推进农业绿色发展，推动农业农村生态文明建设迈上新台阶。

一、加强农业空间生态保护修复

生态文明理念以"山水林田湖草沙"共构的生命共同体视角为核心，深化了对人与自然关系的理解，强调人类与自然应和谐共生。这一理念的核心是系统观和生命观，要求在生态保护与恢复中全面把握生命共同体的动态平衡性、协作性、适应性、弹性及可持续性等基本规律。通过实施系统工程的方法推进生态修复工作，旨在恢复并保持生态系统的健康与稳定，确保其功能的全面性和效益的最大化。

（一）秉承农业可持续发展理念

我国是一个农业人口大国，农业具有"生产、生活、生态"三生属性，农村具有"共存、共生、共享"的三共特征。因此，我国农业的发展必须兼顾农民的生计、农村的就业和区域生态系统的可持续性。在农业方面，应积极推动退耕还林、还草项目，禁止沿斜坡耕作，并在作物种植中广泛应用生物防治和节水技术。农药和肥料的使用应优先选择环保型的生物农药和有机肥料，以减少环境污染。在林业方面，应加强对自然森林的保护工作，严禁乱砍滥伐与毁林开荒行为。依据地理和气候条件，遵循宜林则林、宜草则草原则，加强人工造林，优化树种结构，有效防止水土流失。在渔业方面，坚决禁止使用违禁渔具和非法捕捞行为，通过限制外来物种的侵入、控制饵料投喂量以及采取静养措施保护天然水草。

（二）积极调整农业结构

随着农业发展步入新阶段，我国亟须对农业结构进行深度调整与优化。当前，我国农业结构相对单一，资源利用尚未形成有效链条，导致农产品数量增长的同时农业废弃物问题也日益凸显，严重制约了生态环境的改善。为此应推行新型农业理念、促进农林牧渔全面发展，首先，推广种养结合的循环农业模式，如"猪沼果""稻鱼共生"等都充分利用了农业自然资源和生物资源，提高了资源利用率，控制了废物排放，从而缓解了资源、生态和环境压力，提升了农业综合收益。其次，调整种植业和畜牧业内部的品种结构与布局，构建"粮草兼顾"型农业体系。通过优质牧草替代部分饲料粮，既确保人类口粮需求，又促进草业发展。再次，针对低产田和坡耕地，采用种草、草田轮作等农地利用方式，最大化利用光、热、水、土等资源，提升资源利用效率，同时培肥地力，促进耕地的可持续利用。最后，因地制宜，科学规划农业结构布局。对于大于25°的陡坡地区应实施退耕还林、还草措施。注重发展防护林、经济林、材林等，以维护生态系统与景观系统的多样性，实现农业与生态环境的和谐共生。

（三）构建高效农业生态系统

我国幅员辽阔、农业资源丰富多样，政府部门应根据各地的自然条件和资源特性，因地制宜地构建高效、科学的农业生态系统。山岭地区应利用其独特的气候、植被和土壤特点，采用多层次的立体农业发展模式。通过混合种植各类植物，如草本、乔木、灌木及花卉，构建一个均衡的农业经济生态网络。山坡地区的耕作应遵循植物对光照的需求，合理配置高大作物与矮生作物，确保土地的最大利用效率和生态安全。平原地区则应调整种植制度，转变传统的养殖方式，引入池塘鱼、猪、禽复合养殖模式，或以牧草为主的禽、畜开发模式，提高生态保护水平。整体而言，应重点发展绿色无公害特色农业、拓展农业产值链、加大对区域特色产品的研发和市场推广力度，为支柱绿色产业投入更多的资金、人才、技术、信息等资源。发展订单式农业，鼓励企业和农户之间建立合同关系，形成互利共赢的新型综合农业经营机制。基于产业群的方式，推进农、林、牧的综合发展和种植与养殖的一体化，全方位提升农业链的价值，实现产业的转型升级。

二、大力推进农业资源养护

农业经济的发展往往伴随着农业资源的衰减甚至枯竭以及严重的农业资源污染问题。为了全面保护农业生态环境，必须加大对农业资源的养护力度。在采取保护措施时，应重点关注农业用地和农业用水的保护，并加强对农业污染物的控制。农业整体发展水平受到农业自然资源的制约和影响，只有对农业自然资源进行全面且系统的保护，才能有效推动农业向绿色发展方向转型。

（一）强化水土流失治理

为了减轻水旱灾害的影响，必须加大水土流失的治理力度，提升森林的调蓄水能力，减少降雨径流。在治理过程中，应综合考虑山河湖库的协同效应，以治山为基础，结合堤防与山河治理措施。在治理山地时，应通过困难地造林、退化林修复、中幼林抚育等手段提高森林覆盖率，从而有效涵养水源，发挥其保水防洪的作用。以小流域为单元实施综合治理，有效减缓水土流失，构建稳定的植物生态系统，实现固土、涵水等生态效益。严格保护河流水系，优化两岸荒地绿化、河滩绿化、河岸修复等措施，降低水土流失量，有效涵养水源。对沙化区域实施沙化土治理、防沙治沙等工程，开展平原沙土区土地整治，采取农田林网、引黄灌溉和打井取水、配套水源工程等措施，控制风沙危害，发展高效农业。严格执行林地征用占用定额管理制度，从严格控制征用、占用林地，强化森林资源保护。

（二）强化农田水利建设

我国是一个农业大国，面临着人口众多、耕地资源有限、水资源短缺以及降雨分布不均等诸多挑战。这些挑战使农田水利建设成为提升农业生产力和支持经济社会进步的关键。农田水利建设的核心任务是通过水利工程技术来改善对农业不利的自然环境，为农业高产高效服务。政府部门应充分重视流域治理工作，加固水库并清淤扩容，在整治原有渠道的基础上建设新型标准渠道。实施跨流域的水资源调配能够更好地利用水土资源，从而促进农业的发展。要加强预报、预警、预演、预案"四预"措施的执行力度，全面整合河道、堤防、水库及蓄滞洪区等核心水利工程资源，在防洪工作中发挥协同效应。通过精确调控流域内的防洪系统，最大限度地减少灾害损失。精细调配抗旱水资源，在确保城乡居民的生活用水安全不受影响的前提下满足农田关键生长期的灌溉需求。同时，还应建立多层次与多样化的水利工程体系。要改变以往政府包办水利模式，探索股份合作、以劳代资等多元化合作机制，明确各方的责任与权益，从而拓宽水利项目的实施路径。进一步引入先进的灌溉方法，如膜下滴灌、集雨补灌和喷灌系统等，提升水资源的使用效率，确保农作物的水分供应，同时改善低产土壤、促进农业生产水平的整体提升。

(三) 加强农业污染物控制

农业面源污染治理是生态环境保护的重要内容，事关国家粮食安全和农业绿色发展，事关城乡居民的水缸子、米袋子、菜篮子，要统筹推进。第一，要严格控制化肥和农药的投入量。相关部门应积极推广农田生态养肥技术，调整农作物种植模式，比如实行稻—稻—油或绿肥轮作制度，同时增加生物肥料和有机肥料的应用比例，通过农作物秸秆还田来增强土壤肥力。在农药使用上，应优先选择高效、低毒、低残留的农药，以降低单位面积的农药使用量。并采用生物防治手段如引入天敌进行害虫控制，从而减轻病虫害的影响。第二，合理控制农膜白色污染，农业部门应出台激励措施，鼓励农民回收利用旧农膜，并加大对生物可降解农膜的研发力度，确保农膜在自然环境中自然分解。第三，科学控制畜禽养殖废弃物，严格遵照《中华人民共和国环境保护法》等法律法规，科学设置禁养区和限养区，引入先进的粪便处理技术实现无害化、资源化利用，对于未能达到排放标准的养殖场暂停运营。第四，科学控制水产养殖污染，采取生态养殖方式，利用水生植物净化水质。渔业部门需要根据当地具体情况，制定和普及合理的养鱼和用药标准，并对排放的污水实施常态化检测。

三、强化农业生态保护修复的保障机制

现代化的生态环境治理体系是推进高质量生态建设的基础和保障，建立合理高效的保障机制是持续推进生态保护修复的关键前提。在农业生态环境保护修复过程中，农村环境保护法治建设是基础，农业生态环境保护修复的科技研发是支撑，农业生态环境保护修复的资金投入是保障。

(一) 完善农村环境保护法治建设

由于农村地区环境保护的意识和行为普遍不足，因此需要通过有效的法治手段来促进农村的生态环境保护。一方面，应加大对现有农业生态环境保护法律的宣传力度，严厉打击破坏生态环境的违法行为；另一方面，相关部门应针对农业生态环境现状，完善相关法律法规，填补现有农业生态环境保护法律框架中的漏洞。同时，还应建立生态环境经济补偿机制，通过适当的

经济刺激手段来强化社会公众对农业生态环境的保护行为。农业生态环境问题很大程度上与城市边缘地区的工业布局有关，许多工业企业选择在城郊地段设厂，其排放的废弃物直接威胁到周边的农业生态环境。因此，政府部门应制定严格的排放标准，并通过定期或不定期的环保检查来监控企业的排放行为。对不符合环保标准的企业应给予经济上的重罚，而对于在环保工作上有显著成就的企业或个体予以表扬和奖励，以此形成正向激励机制，促进整体生态环境的改善。

（二）加强农业生态保护修复的科技支撑

科技是人类社会发展的杰出成果，合理运用科技能够有力地推动人类进步。在维护和改善农业生态环境的过程中，必须持续加大现代科技的投入，利用尖端的农业管理方式和技术来促进农业生态环境的改善。针对退化生态系统修复与防控的需要，应着力研发农林生态系统结构优化、生态功能提升的建设方案和关键技术，建立适应不同区域、规模和类型的农林生态系统监测、评价与调控体系，开展重要农林生态功能区监控预警，构建基于生态学原理的"山水林田湖草沙"健康生态系统。针对农业生产方式绿色转型需求，加快研发符合高质量农产品生产的绿色农业投入品和安全、高效、低成本且可复制的绿色技术、产品和设备。重点研发基于农田环境承载力的农业绿色清洁生产与养分高效循环转化技术、绿色高效生态服务增值机制。此外，研发农业多功能性综合开发利用、农业资源的高效安全利用和绿色生产技术体系，研究基于农林生态系统的动物—植物—微生物三维物质能量供需循环转化规律与调控机制、绿色清洁化生态利用技术，在保证农业产量和效益的前提下提高农业可持续发展能力。

（三）加大农业生态保护修复的资金投入

在农业生态保护修复资金投入上构建公共财政支持、责任主体自筹和社会资金参与的多元化投入格局。一方面，应增加涉农资金的投入力度，加大对良种繁育、植保工程、农作物优化栽培技术、节水节能等项目资金支持力度，促进农业经济又好又快发展。并在产品认证、品牌创建、土地规模流转方面给予资金支持，全面整合涉农资金，聚集于特色农业产业。另一方面，应构建多元化的环境保护投融资体系，以财政资金为引领，广泛吸纳社会资本参与。通过搭建政府、企业及社会多方联动的投资框架，有效激发社会各界对环保事业的关注与投入。同时，积极倡导银行等金融机构创新绿色金融产品，并推动污染强制责任保险的开发，全方位助力农业绿色发展。强化对专项资金的管理和统筹，对生态文明建设资金的使用情况实施全过程跟踪监控，最大限度地提高资金的使用效益。

第四节 赋能绿色低碳农业产业链，提升农业质量效益

绿色低碳农业产业链以环境保护为核心，将低碳理念融入农产品的研发、种植、加工、运输、销售及消费等各个环节。各环节和主体紧密关联、有效衔接、协同发展，形成一个有机整体。打造绿色低碳农业产业链的本质是在提升农业产业链效率的基础上增强农业产业链的自主可控性、韧性和可持续性，构建效率、安全与绿色低碳并行的绿色低碳农业产业链长效机制。然而，当前绿色低碳农业产业链面临竞争力不足、协同度低、韧性欠缺以及生态增值乏力等困境，仅靠市场自动调节难以突破这些限制。因此，亟须政府适时介入，通过制定政策和提供支持来纠正市场失灵，从而推动绿色低碳农业产业链的健康发展。

一、共享产业资源，驱动农业绿色产业链闭环发展

（一）构建利益联结机制，推动农业绿色产业链高质量发展

农业绿色产业链内部应以"利益联结"机制为载体，通过形成相对规范、完整的制度，健全绿色农业生产指标及评定机制，明确要求各环节、各主体始终遵循绿色生产经营的相关标准，并依据奖罚分明的管理规范对农业产业链的实际生产状况进行有效监督，形成强有力的内部约束机制。龙头企业可推行"公司＋农户""公司＋基地＋农户""订单农业"等多种形式，与农户建立订单生产、利润返还、入股分红等多种利益联结机制，引领小农户融入农业绿色产业链。龙头企业牵头、农民合作社和家庭农场跟进、广大

农户参与的农业产业化联合体将龙头企业、农民合作社、家庭农场、农户培养成产业链上的"合伙人"，筑牢乡村产业的利益共同体、命运共同体，实现抱团发展。

（二）推动资源共享，促进农业绿色产业链、供应链高效协同

农业绿色产业链内部以"资源共享"平台为支撑，通过共享绿色技术和绿色生产经验等资源，形成促进绿色发展的最强动力。农业绿色产业链相关企业应深化协同，通过搭建资源共享平台，强化农业绿色产业链供应链上下游之间的信息互通和资源共享，利用云平台和大数据技术，打造开放、协同的生态系统，促进产业链供应链内部高效配合。通过集成应用物联网、云计算、人工智能等数智化技术构建智慧型产业链供应链，显著提升产业链供应链协同效率，助力实现资源配置的高效优化。例如，依托云计算的强大数据处理能力实现农业绿色产业链供应链各环节信息的即时共享和决策协同，从而增强农产品在市场中的议价能力、减少绿色农业的投入成本、提升农业资源的利用效率。通过资源共享提升农业绿色产业链供应链协同效率，不仅可以降低生产运营中的风险与成本，还能够促进农业绿色产业智能化升级、增强农业绿色产业链竞争力、提升农业绿色产业链供应链韧性和安全水平以及为培育新质生产力夯实基础。

（三）发展农业产业链金融，分散农业绿色产业链风险

农业产业链金融是农业供应链管理与金融融资服务相结合的新型融资方式，通过完善绿色农业金融支持体系、强化链条内部协同、分散产业链风险、创新农业担保机制，真正发挥绿色金融的服务优势。农业产业链金融将金融机构、核心企业、农户以及上下游经营主体紧密联结起来，有助于农业产业链供应链上下游中小企业依托核心企业的信用及资产获取金融支持，增强上下游中小企业与核心企业的黏性，促进农业绿色产业链供应链的构建和运行。农业产业链金融通过互联网技术将零散孤立的个体、商户连成一个整体，为链条上的参与主体提供融资服务，帮助生产端、销售端与消费端无缝对接，推动产、供、销一体化，促进农业绿色产业链供应链发展壮大。例如，农业银行创新推出"农银惠农 e 通"互联网金融服务平台，融合了农村电子商务、在线支付与网络融资等多项功能，精准对接农业绿色产业链的动态需求，

同时顺应了农业农村信息化发展的潮流，显著提升了融资效率。

二、完善支持体系，营造驱动农业绿色产业链建设的良好氛围

（一）健全农业绿色产业链的财政补贴体系

农业绿色产业发展会增加新的"绿色成本"，单靠市场机制的自发调节不足以推动这一进程，政府应出台相关政策为农业绿色产业链发展提供必要的财政补贴。通过为中小经营主体发放专项资金，冲抵其绿色生产所需要的技术投资成本，以调动其绿色生产的积极性。通过为龙头企业提供必要的价格补贴、税收优惠，在保障绿色农产品市场价格的同时共同营造良好的绿色农业生产环境，有效维护产业链各参与方的权益。此外，政府应充分利用农业绿色产业链的财政补贴体系，实施正向激励与负向激励相结合的策略。通过利益驱动，鼓励和引导农业绿色产业链的主体采取资源节约型、环境友好型的绿色生产行为，并由相关部门应制定影响农业绿色产业链建设的负面清单，对违反规定的企业，根据情节轻重采取削减甚至取消其绿色补贴的措施，从而形成强有力的约束机制。

（二）优化农业绿色产业链的制度保障体系

农业绿色发展不仅是解决资源和环境的问题，还关系到经济的可持续发展。农业绿色发展要求农业生产者和消费者要自觉地以生态环境保护为核心，加快农业绿色全产业链的建设进程。通过制度创新将绿色发展战略与农业链条紧密结合，不断完善激励机制，引导各农业相关主体向生态友好型发展转型。相关部门应及时更新和细化农业环境保护法规和标准，清晰界定在农业供应链中，各环节应承担的生态环保责任。一方面，以耕地保护补偿、生态补偿制度和绿色金融激励机制等为重点，加快构建分类科学、区域有别、标准合理、规范统一的农业绿色发展激励政策体系，引导生产者加快转变发展方式；另一方面，加快建立健全绿色农业标准体系，完善农业投入品、废弃物排放和农产品质量安全等领域的相关标准和行业规范，引导市场主体遵循绿色标准、践行绿色生产、共同推动农业绿色发展。

（三）完善农业绿色产业链的执行标准体系

目前，我国农业生产已初步建立起以国家和行业标准为核心、地方标准为基础、企业标准为辅助的多层级标准体系。然而，在农业绿色产业链中仍存在生产环境的面源污染防控与资源环境保护的新标准不相匹配，质量管理标准需要进一步提升，现行的包装、保鲜及贮运技术标准不能支撑农产品从产到销的需求等问题。"十四五"时期，要制定与完善相关的农业绿色发展标准。首先，在产地环境保护层面，要重点制定耕地土壤污染治理及效果评价标准、耕地质量监测和等级评价技术规范、农药风险评估技术标准和规模养殖环境评价标准；其次，在生产过程的控制方面，要制定涵盖农作物和畜牧的污染防控、"三品一标"农产品生产控制的技术规范和国家种质资源库及畜禽水产基因库的建设标准；最后，在农产品质量安全方面要制定农产品中农药和兽药残留限制以及其检测标准，同时规范保鲜剂和添加剂的使用。执行标准的制定有助于推进农业绿色产业链各主体标准化生产、完善农业绿色全产业链标准体系、为农业绿色产业链营造良好的建设环境。

三、优化产业布局，搭建助力农业绿色产业链建设的完整体系

（一）推进农业绿色产业链纵向延伸

以生态友好作为关键目标，构建覆盖农业全产业链的绿色标准体系，确保从源头到终端的控制力，以实现绿色农产品的连续供应。通过测算各个区域的环境容量，进行科学的绿色农业布局规划，推进绿色低碳与生产、加工、流通和消费领域的深度融合。在生产环节，专注于发展生态友好的品种，通过推广无污染的生产方式和循环农业模式以实现环境影响最小化和资源的可持续利用。在加工环节，除了提高农产品品质和构建品牌外，还需要通过标准化操作减少不必要的能源消耗，在保障绿色农产品稳定供应的同时实现节能减排。在物流环节，发展冷链系统和绿色电子商务等低碳物流模式，通过优化物流路线和方式降低运输过程中的碳排放和流通成本。在消费环节，加强对绿色农产品认证管控，促使市场提供更为优质的农产品，推动消费者绿色低碳的生活方式和消费方式的形成。通过绿色低碳与农业产业全链条的

有机结合，共同推动农业在生产、加工、流通和消费各环节的绿色可持续转变。

（二）加快农业绿色产业链的横向延伸

为了响应和推动农业可持续发展，地方政府和相关机构应基于各自地区的农业资源和文化背景，积极探索和利用农村的独特资源及乡土文化，将绿色低碳理念融入农业多功能活动中，从而拓展农业产业的多样化，推动农业产业链向横向发展，增加其经济价值。特别是在乡村旅游领域，应着重构建特色旅游示范村镇、规划精品线路、丰富旅游产品。采用现代经营管理方法，将乡村生态优势转化为生态产品价值，形成具有鲜明特色和核心竞争力的乡村旅游产业。此外，还应注重延伸农业的多重功能，挖掘村庄多元价值，推动以绿色为主线的农文旅高度融合，将绿色低碳植入观光农业、生态庄园和农事体验等多业态中，加强对低碳农产品和服务的供应，实现产业化经营的绿色增值。

（三）积极引导小农户参与农业绿色产业链延伸

在当前农业发展中，小农户作为基本的农业生产单元而起着不可忽视的作用。然而大部分小农户受教育程度相对较低，对于农业绿色发展的理解并不深入，这导致他们在种植过程中忽视环保问题，频繁使用化学肥料和农药，降低了初级农产品的品质。农业绿色发展需要小农户充分认识到农业绿色发展的重要意义，通过引导其了解农业绿色发展前景，为其提供必要的绿色技术、市场需求，持续降低绿色农业的生产成本，充分释放小农户发展绿色农业的风险压力，从而形成较强的绿色生产意愿。中央一号文件指出，推动农业第一、第二、第三产业融合发展，加快建设国家、省、市、县现代农业产业园，重点培育新型农业经营主体，通过订单农业、入股分红、托管服务等方式将小农户融入产业链。鼓励龙头企业与合作社、农户之间建立利益共享的合作关系，比如通过土地经营权入股的方式让农户能够分享到农业绿色经营所带来的增值收益。小农户作为农业生产的基石，其转型升级对于实现整个农业的绿色可持续发展具有非常关键的作用，通过政策引导、技术支持和市场共享，可以有效地激发小农户发展绿色农业的动力。

第五节 完善科技创新体系，强化农业绿色发展科技支撑

推进高水平农业科技创新是世界农业强国的重要特点。我国与世界农业科技强国还存在明显差距，加快建设农业强国，应重点挖掘农业科技潜力，为保障粮食安全、提升产业质量效益、促进农业绿色转型提供支撑。当前，我国农业科技创新体系中最突出的短板在于政府支持强度与稳定性不够，未充分体现农业科技创新的公共性、基础性和社会性；涉农企业创新能力不足，难以成为技术创新的主体；"产学研"协同机制不健全，市场导向不充分；金融、中介机构嵌入程度不深，集聚效应未充分发挥。为此应进一步优化完善农业科技创新体系，坚持在现有体系架构基础上重塑提升创新效能，以补齐这些短板。

一、强化要素保障，夯实农业绿色发展技术创新基础

（一）强化政策支持力度

强化政策支持力度、构建协同高效的农业科技创新生态体系是推动我国农业现代化进程的关键。第一，要加强科技政策与财政、人才、产业、税收、金融、商贸等政策的协同配合，使各项政策措施相互衔接、形成合力；第二，相关部门要抓好已有政策的落实和配套政策的完善工作，确保政策落地生根、发挥实效；第三，要深入推进农业农村科技"放管服"改革，加快推动事业单位分类改革，明确职责定位、优化资源配置。一方面，健全绩效考核制度，建立科学评价体系，强化结果运用，激发内生动力；另一方面，完善科技成果使用、处置、收益管理制度，规范操作流程，保障权益分配，促进成果转化。要确保改革红利能够真正让广泛的科技工作者受益，从而释放他们的创新潜力。

（二）加大农业科技投入力度

构建起全方位、多层次、立体化的农业绿色发展科技投入体系，为农业

绿色发展注入强大的动力和支持。首先，强化政府在农业绿色发展科技投入中的引导作用，建立与财政经济一般性收入增长相匹配的财政农业科技投入稳定长效增长机制，保障农业科技投入的持续性和稳定性。其次，提升公益性农业科研机构的经费保障水平，采用各种融资渠道筹措资金，拓宽资金来源渠道，增加农业科技投入的规模和力度。探索设立农业绿色发展科技成果产业化引导基金，引导社会资本投向农业科技成果产业化领域，促进科技成果的转化和应用。最后，积极鼓励和引导金融机构、企业、社会团体和个人投资，形成多元化的投资主体格局，共同推动农业科技成果产业化项目和重大农业开发项目的顺利实施。

（三）大力培养农业绿色发展科技人才

建立完善农业科技人才分类评价机制，培育壮大农业科技创新人才队伍。依托重大农业科研项目、重点学科和科研基地，培养、引进和用好农业科技创新骨干人才和创新团队。加大对农业技术推广人才的稳定支持，搞好基层农技人员培训，培养一支爱农村、懂农业、爱农民的"三农"工作队伍。深入推行科技特派员制度，实施"三区"科技人员专项计划，加强基层农业技术推广人员队伍建设。积极开展新型职业农民的培训活动，努力造就一批能够适应新时代农村经济发展需求、掌握现代农业技术且具备良好经营管理能力的新型职业农民。

二、加大全产业链技术研发力度，提升农业绿色可持续发展能力

（一）农业产前技术研发

农业产前技术研发主要指开展种源"卡脖子"技术攻关。种子是现代农业发展的基础生产力，其重要性不言而喻。掌握农作物新品种和现代种业的核心技术是确保粮食安全和重要农产品有效供给的关键。因此，围绕种业发展，亟须创新联动机制，促进"产学研用"的深度融合，强化种苗与种子企业在创新过程中的主体地位。为此，要构建种子生产技术的联合攻关体系，提升种子加工与质量控制、主要农作物良种繁育等关键技术的研发水平。同时，完善种子和种苗生产过程的质量跟踪机制，大力推进品种审定标准的制

定，以建立和完善育繁推一体化的现代种业体系。

（二）农业产中技术研发

农业产中技术主要涵盖投入品安全技术、不同生态区的绿色高产高效集成技术以及智慧农业技术。在投入品安全技术方面，集中攻关作物优质丰产栽培技术、节本增效技术和土壤地力培肥技术等增效技术，以提高投入品效率。重点研发生物肥、缓释肥，植物源、微生物源农药，植物生长调节剂，无抗、无残留饲料，新型安全兽药与生物疫苗等新型安全高效投入品，提高安全有机投入品使用率。同时，研制农业投入品的安全使用规范或标准，构筑农产品安全的"最初一公里"技术防线。在不同生态区绿色高产高效集成技术方面集成组装一批以农业机械为载体、以节水节肥节药为重点的绿色生态环保、资源高效利用、生产效能提升的技术模式，以及粮豆轮作、水旱轮作、间作套种、粮经复合、种养结合等高效种植模式。通过打造一批绿色高效的典型案例，着力改善品种品质结构，推进规模化、标准化生产，增加优质绿色农产品的供给，带动周边区域的均衡发展。在智慧农业技术方面，建立农业智能生产和农业智慧经营技术体系，集成农业物联网、农业大数据、农业云服务等信息技术，开展决策智控、农产品溯源、信息感知、农产品检测、智能导航、农产品防伪等智能技术与产品研发，推动传统精耕细作与现代信息技术及物质装备技术的深度融合，实施农机精准作业，以提升农业生产的智能化水平。

（三）农业产后技术研发

农业产后技术的核心聚焦于农产品的精深加工技术、绿色储运技术和农业废弃物的综合利用技术。在农产品精深加工技术方面，立足于绿色、智能、安全、健康及便捷的产业发展新需求，围绕具有优势特色的农产品，开展主食工业化技术、高附加值加工技术、副产物高效综合利用技术、非热力杀菌技术及装备的研发工作。在绿色储运技术方面，围绕农产品保鲜、储运和包装环节，重点研发新型安全保鲜剂、农产品质量与安全快速检测技术、生鲜食用农产品物流品质控制技术、冷鲜肉预调理加工及物流配送技术与装备。通过"互联网＋"的应用，研发智能化、信息化与低碳化的农产品物流信息技术及设备，以提升整个供应链的效率与可持续性。在农业废弃物综合利用技术方面，针对畜禽养殖粪尿产生量大、处理成本高以及畜禽养殖废弃物资源化利用模式缺乏等问题，深入研究畜禽粪尿的产生量、理化特性及粪尿处理模式，构建畜禽养殖粪尿中主要营养素氮和磷的管理系统，实现科学种养循环生产。借助数字化技术的力量，深入探索农业生产系统内各要素之间的关系，研究物质、能量转化效率及信息传递的耦合效应，建立涵盖自然、经济和社会维度的农业可持续发展综合评价指标体系，为推动农业产业的全面升级与可持续发展提供有力支撑。

三、加快农业科技成果转化，提升科技促进农民增收的能力

（一）推动技术链与产业链深度融合

围绕产业链布局创新链、完善人才链、匹配资金链，统筹产前、产中、产后全产业链科技创新，突破制约产业发展的核心技术和共性技术，构建技术链，支撑延长产业链，提升价值链，加快农业领域高新技术企业培育，推动人才、技术、资金等创新要素向企业集聚，培育具有核心竞争力的农业高新技术企业。推进第一、第二、第三产业融合发展，打造具有核心竞争力的现代农业产业集聚区，提高园区土地产出率、劳动生产率和绿色发展水平，形成可复制、可推广的模式，为区域农业绿色高质量发展树立了典范。

（二）加快农业科技成果转化

依托农业科技成果转化资金专项的有力支持，全面实施农业科技成果转化工程，加速科技成果向现实生产力的转化。通过构建完善的农业科技成果数据库，为各类农业科技成果提供集中展示和交流的平台，同时建立成果信息定期发布制度，确保最新、最前沿的科技成果能够被及时传递给广大农业生产者和科研机构。严格把关每一项科技成果的技术指标和应用范围，确保其科学性、实用性和可操作性。针对突破性病虫鼠害绿色防控新技术、草地生态畜牧业新技术、农林作物高效丰产栽培新技术以及规模化健康养殖新技术等重点领域，加大示范推广力度，让更多农业生产者受益。深化以企业为主体的成果转化机制，鼓励和支持科技型企业、新型农业经营主体与科研院所、高校紧密合作，共同推动科技成果的转化和应用。通过共建成果转化示范基地，将

实验室的科研成果转化为实际生产力，为农业生产提供强有力的科技支撑。

（三）完善农业技术推广体系

在农业绿色发展中，高等学府与研究机构肩负着培养未来农业技术领军人才的重任。他们致力于加强农业绿色技术的基础研究、应用基础研究以及重大农业技术的协同创新，为农业生产注入源源不断的创新动力。为了加快农业技术的推广与应用，要深入推进基层农技推广体系改革创新。通过推广"政产学研用"相结合的农技推广体系，将高校、科研院所、企业、新型农业经营主体等多方力量汇聚在一起，从而形成强大的协同创新和推广应用的联动效应，加速试验、集成、熟化和推广先进适用技术的进程，为农业生产提供了更加有力、高效的科技支撑。同时，探索将商业性技术服务与公益性农技推广结合的发展道路，引导和支持供销合作社、农民合作社、专业技术协会、涉农企业等经营性服务组织，以及多元化、社会化农技推广服务队伍，开展农业产前、产中、产后全程服务，不断推动农技推广服务活动标准化、规范化。

第六节　优化升级体制机制，强化农业
绿色发展制度保障

党的十八大以来，农业绿色发展取得了突出成就，在重点领域基本搭建起了相对完善的制度和政策体系，为下一阶段农业绿色发展奠定了坚实基础。对标新发展阶段保障国家粮食安全和重要绿色农产品供给的目标任务，结合"十四五"规划和 2035 年远景目标纲要、2021 年和 2022 年中央"一号文件"以及《"十四五"推进农业农村现代化规划》中对农业农村发展的部署安排，健全完善农业绿色发展制度要在政策体系上实现全方位、多层级，在内容上体现绿色发展理念等新要求，在效果上做到精准高效。

一、健全农业绿色发展支持保障机制

（一）完善财政支农机制

在新时代背景下，财政支农工作应以绿色发展理念为引领，坚定不移地

践行节约资源与保护环境的基本国策，将支持农业可持续发展与生态建设置于战略核心地位。为此，需着力构建一套完善的财政支持体系，强化资源保护与生态修复措施，积极推动农业向绿色转型。在总量上，农业农村领域应继续作为一般公共预算的重点保障对象，通过增加中央财政转移支付的力度，为农业发展提供坚实后盾。在内容上，针对农业中公益性显著、外部效应突出的领域，应加大财政投入，构建以绿色发展为导向的农业支持与保护政策体系。具体而言，遵循政府引导、农民自愿的原则，逐步建立并完善支持休耕轮作的财政政策，有计划、分阶段地推进农业"休养生息"策略，让土地得以喘息、生态得以恢复。同时，以绿色生态为导向，充分发挥农业机械化对农业可持续发展的强大推动作用，加大对保护性耕作、深松整地、秸秆还田等绿色增产技术所需机具的补贴力度，激发农民采用绿色技术的积极性。

（二）优化金融保障机制

农产品市场在金融属性上的相对薄弱使得农业绿色发展对金融领域的融资、信贷等资金支持需求更加迫切，因此，在新发展阶段构建完善且高效的金融保障机制显得尤为重要。针对小农户及各类新型农业经营主体在融资过程中遭遇的难题，政府相关部门应精准施策，编制绿色农业全产业链金融支持技术规范等一系列指导性文件。为各管辖内的银行、金融公司等金融机构提供明确的方向和规范，鼓励它们有针对性地开发绿色助农贷、环保贷等绿色金融产品，以满足农业绿色发展的多元化资金需求。面对农业绿色生产中不可避免的自然风险和市场波动，稳妥有序推进绿色农产品收入保险和价格保险，健全农业再保险制度，为农业绿色生产筑起坚实的风险防线。为防范金融风险等未知因素的影响，结合计算机大数据技术，加强对农业绿色生产的监测管理成为新的趋势。通过制定实时监测信用体系标准，及时发现并化解潜在的信用风险，保障农业绿色生产的稳定进行。将农户开户信息以及企业税款缴纳信息等纳入信用评价系统，利用历史记录和企业信息对授信及贷款审批过程进行精准指导，确保基金贷款等发展资金切实流入农业绿色生产过程中。

二、创新农业生态环保机制

（一）优化农业生态补偿机制

农业生态补偿机制是一种通过经济手段来调整农业生产活动中人与自然关系的制度。创新农业生态补偿机制是实现农业可持续发展的关键。一方面，农业生态补偿机制可以激励农民参与生态环境保护，提高农业生态环境质量；另一方面，农业生态补偿机制可以帮助农民增加收入、提高农民参与农业生态补偿的积极性。未来的农业生态补偿机制要朝着多元化机制建设：一要完善农业生态补偿标准体系。农业生态补偿标准是衡量补偿资金合理分配的重要依据，补偿标准应根据生态环境效益的不同而有所差异，以确保补偿资金能够真正用于生态环境保护。可以通过对农业生态环境效益进行科学评估，制定差异化的补偿标准，以激励农民参与生态环境保护。二要拓展农业生态补偿资金来源。目前的农业生态补偿资金主要依赖政府财政投入，资金来源单一，难以满足农业生态补偿的需求。因此，应积极拓展农业生态补偿资金来源。可以通过政策引导，鼓励企业、社会团体和个人参与农业生态补偿，形成多元化的资金投入机制。此外，还可以探索建立农业生态补偿基金，通过市场化运作，吸引更多社会资本参与。三要扩大农业生态补偿范围。目前，农业生态补偿范围相对有限，难以覆盖所有生态环境效益提供者。为了确保补偿机制的公平性和合理性，应扩大农业生态补偿范围。可以将更多农业生态环境效益提供者纳入补偿范围，例如，农民种植绿色农产品、采用环保农业技术等都可以获得相应的生态补偿。四要建立健全农业生态补偿长效机制。农业生态补偿机制需要具备稳定的运行机制，以确保长期有效的补偿效果。应通过法律法规等形式，明确农业生态补偿的目标、原则和具体措施，建立健全农业生态补偿长效机制。此外，还应加强对农业生态补偿机制的监督和管理，确保补偿资金的合理使用和效果评估。

（二）强化跨区域农业生态环境协同治理机制

跨区域农业生态环境协同治理机制是解决跨区域农业生态环境问题的重要手段，能促进不同地区之间的合作与协调，以共同应对农业生态环境挑战。

跨区域农业生态环境协同治理机制的建立需要从以下四个方面着手：第一，建立健全跨区域农业生态环境协同治理机构。通过建立跨区域农业生态环境协同治理机构，明确各部门的职责和合作机制，提供有效的协调和合作平台。该机构应包括政府部门、农业企业、农民合作社、科研机构等各方代表，共同参与农业生态环境治理决策和实施。第二，制定跨区域农业生态环境协同治理规划和政策。通过制定跨区域农业生态环境协同治理规划和政策，明确治理目标和具体措施，推动不同地区之间的合作与协调。规划应包括农业生态环境保护、资源利用、农业产业结构调整、农业技术推广等方面的内容，确保各地区的农业生态环境治理工作相互支持和协调。第三，加强跨区域农业生态环境协同治理能力和技术支持。通过加强跨区域农业生态环境协同治理能力和技术支持，提高不同地区之间的合作能力和技术水平，促进农业生态环境治理的效果。可以建立跨区域农业生态环境协同治理技术交流平台，分享先进的农业生态环境治理技术和经验，提供技术培训和专业指导，帮助各地区提升农业生态环境治理能力。第四，建立跨区域农业生态环境协同治理补偿机制。通过建立跨区域农业生态环境协同治理补偿机制，合理分配资源，实现农业生态环境的共享和可持续发展。根据不同地区的农业生态环境贡献和受损情况，设立补偿基金，对积极参与农业生态环境治理的地区给予经济补偿或政策支持，激励各地区保护和改善农业生态环境。

三、畅通农业资源要素流通机制

（一）继续深化农村土地制度改革

农业绿色发展要把握好农民和土地关系这一主线，并以此为基石，规范推进农村土地流转。第一，深化农村土地"三权分置"改革，创新并丰富其实践形式。在充分尊重农民及各类市场主体对于农村土地经营权流转意愿的前提下，不断完善土地管理服务体系，强化土地抵押与入股的权益保障，并同步构建起一套严密的审核机制与风险防控体系，以提升流转过程的合规性与安全性。第二，农村宅基地制度改革应审慎稳妥推进。要标准化地执行宅基地权利确认与登记发证流程，加强成果应用的共享力度，并着手完善统计调查体系，构建全国统一的数据库与信息系统，为宅基地管理奠定坚实的数据基石。逐步探索宅基地"三权分置"的有效实现形式，为宅基地的合理利用开辟新路径。第三，农村集体经济用地的市场化进程应持续稳步推进。在当前市场渠道已基本畅通的背景下，未来改革的重点将转向加强规范管理。要明确界定市场参与主体与范围，严格限定土地用途，同时完善集体经济组织内部增值收益的分配制度，确保利益分配的公平性，让集体成员能够切实分享经营收益增长的硕果。

（二）健全城乡人口双向流动机制

人才是社会发展的重要保障，城乡融合发展必须有效解决人口流动问题，畅通城乡人口流动的双向渠道，确保人口"流得出"和"回得来"。一方面，在户籍制度改革取得显著成效的基础上，进一步优化农业转移人口市民化的配套政策体系，在住房、子女教育、医疗和养老等关键领域做好保障衔接工作，促进农业转移人口的高质量市民化；另一方面，针对当前乡村人才队伍总量不足、结构失衡等问题，要重点畅通城市各类人才到乡村服务的渠道和路径，健全和完善城市人才入乡激励机制，为各类返乡人员提供财政、金融和社会保障支持，创造良好的返乡创业环境。要进一步完善城乡人才交流学习机制，灵活运用岗位编制，适度放宽返乡人员职称晋升条件，营造良好的返乡人才工作环境，保障返乡人员合法权益。要探索创新村集体经济人才吸引机制，探索技术入股、人才入股等集体经济运作模式，确保村集体经济能真正吸引人才。村集体经济要加强对返乡人的关心、关怀，帮助解决返乡人才的生活难题。

（三）完善农业科技创新成果分享机制

农业科技公共服务平台作为现代农业科技服务体系中的核心枢纽，其重要性不言而喻。该平台致力于汇聚并高效配置创新资源，通过推动资源的广泛共享，为研发工作的高效推进与数据信息的畅通交流提供了坚实的支撑。为了充分发挥生态绿色一体化发展的战略优势，应当积极布局农业绿色科技公共服务平台的建设，涵盖研发公共平台、资源共享平台、技术交易平台以及成果转化平台等多个方面。针对高等院校富余的科研资源，利用平台推进学科间、专业间的跨校合作和跨企业农业科学技术对接，共建国家级实验室，设立多方合作研发公共平台，通过公共平台引导企业在培养人才中发挥作用。

完善农业科技创新成果的分享机制，最大限度地发挥农业绿色科技创新的贡献，实现研究成果的价值最大化。农业科技公共服务平台要与网络实现深度融合，形成"多网合一"的农业资源共享平台门户，使农业科技协同的创新服务能够更便捷地提供给农业企业，实现农业科技资源的广泛共享。

四、完善人与自然和谐宜居发展机制

（一）优化生态产品价值转换机制

构建人与自然和谐共存的空间，核心任务是在绿色产业合作的框架下，深度挖掘与高效利用生态资源，以此激发经济发展的新活力，实现从生态优势到经济价值的华丽转身。建立健全生态产品价值实现机制是生态优势向经济发展优势转化的关键所在。生态产品价值要形成全链条的工作体系，需要相应的运行机制。首先，要建立协同的调查监测机制。生态产品监测的内容、时间及标准应由相关部门统一制定，以加强区域间的业务交流，共享生态资源统计结果，便于宏观规划生态产品的开发与利用。区域间要统一生态产品价值的核算标准，搭建生态产品价值的核算信息共享平台，使生态产品的核算结果能在区域内发挥更大作用。其次，要健全生态产品开发机制。充分利用区位优势进行错位发展，依托环境资源优势，在生态旅游、文化服务及生态农业等领域实施以点带面的开发策略，拓宽生态产品价值实现的多元渠道。同时，强化绿色农产品质量监管，营造有利于绿色生态农业发展的优良环境，增强其市场竞争力。最后，完善生态产品主体培育机制。政府应充分发挥其统筹协调作用，强化对生态产品专业领域的指导与支持，通过政策扶持与激励机制的双轮驱动，积极引导市场主体主动担当起产品开发与生态保护的双重角色，有效调和保护与发展之间的矛盾。

（二）持续健全城乡融合发展机制

营造宜人的居住环境，关键在于构建城乡和谐共融的产业体系，建立平等、互补的城乡关系，打破传统界限，促进资源、机会和福利的均等分配。第一，加速城乡产业融合进程。将交通基础设施作为联结区域的关键纽带，畅通产业流动，打通城乡融合中的经济循环环节，消除部分区域间的市场壁垒，促进农业产业有序分工与资源配置优化。坚持以人民为中心，实现功能分区与产业结构的深度融合，统筹发展文旅产业、医疗康养及区域特色产业，激发农业企业活力，构建公平、高效、开放、融合的大市场体系。第二，以县域为核心，促进城乡基本公共服务均衡发展。县域作为城乡连接的桥梁和核心节点，具备率先突破城乡二元结构的有利条件。创新城乡基本公共服务均等化的实现机制，需要以县为单位，综合考虑本区域的服务需求、人口分布及基础条件等因素，赋予县级更多资源整合使用的自主权。积极开展县乡村基本公共服务一体化试点工作，逐步推进城乡基本公共服务的均衡发展。

主要参考文献

［1］巴宥雅. 乡村振兴背景下我国农业绿色发展路径探寻［J］. 农业经济，2022（11）：7-9.

［2］畅倩. 生产环节外包对农业绿色发展的影响研究［D］. 杨凌：西北农林科技大学，2022.

［3］陈芳芳. 推进农业绿色发展新路径探索［J］. 农业经济，2022（5）：17-19.

［4］陈世雄，冯晶，宋立秋. 加快推进我国农业绿色发展全过程转型对策与措施——深入学习领会党的二十大精神［J］. 中国农业资源与区划，2023，44（7）：60-65.

［5］陈玉兰，程旭睿，郭君，等. 我国农业绿色发展水平地区差异及分布动态演进［J］. 新疆农业科学，2023，60（1）：252-260.

［6］陈娜. 国新办就2023年农业农村经济运行情况举行新闻发布会稳中向好稳中有进三农基本盘进一步夯实［J］. 农村工作通讯，2024（3）：20-22.

［7］程永生，张德元，汪侠. 农业社会化服务的绿色发展效应——基于农户视角［J］. 资源科学，2022，44（9）：1848-1864.

［8］丛晓男，单菁菁. 化肥农药减量与农用地土壤污染治理研究［J］. 江淮论坛，2019（2）：17-23.

［9］邓亚丽，郭剑雄. 农业资源再生利用对绿色农业发展的积极影响研究［J］. 农业经济问题，2022（11）：2.

［10］邓悦. 农业绿色技术进步对碳排放影响研究［D］. 杨凌：西北农林科技大学，2022.

［11］杜名扬，白春明，王柟. 农业产业链低碳循环化 撬动农业绿色发展与减排固碳［J］. 蔬菜，2023（3）：1-9.

[12] 杜栋. "让美丽乡村成为现代化强国的标志、美丽中国的底色"——学习习近平关于乡村生态振兴的论述 [J]. 党的文献, 2022 (2): 36 - 44.

[13] 2019 年全国耕地质量等级情况公报 [J]. 中国农业综合开发, 2020 (6): 6 - 12.

[14] 范开鹏, 韩学雨, 姜在新. 乡村振兴背景下农民合作社助推农业绿色发展路径探究 [J]. 植物学报, 2023, 58 (4): 673 - 674.

[15] 付伟, 罗明灿, 陈建成. 农业绿色发展演变过程及目标实现路径研究 [J]. 生态经济, 2021, 37 (7): 97 - 103.

[16] 高群, 陈衡洋, 张新亮. 中国农业绿色发展政策的历史演变与焦点特征——基于注意力视角的文本分析 [J]. 资源科学, 2023, 45 (12): 2433 - 2448.

[17] 葛若凡. "双碳" 目标下绿色农业产业链发展的内在机理与实施策略 [J]. 农业经济, 2023 (10): 20 - 22.

[18] 龚贤, 罗仁杰. 精准扶贫视角下西部地区农业绿色发展能力评价 [J]. 生态经济, 2018, 34 (8): 128 - 132.

[19] 巩前文, 李学敏. 农业绿色发展指数构建与测度: 2005 ~ 2018 年 [J]. 改革, 2020 (1): 133 - 145.

[20] 广西壮族自治区柳州市三江侗族自治县强化绿色引领促进小绿叶成就大产业 [J]. 农产品市场, 2022 (8): 45.

[21] 郭艳花. 吉林省农产品主产区农业绿色发展效率时空特征、影响机制及产业配置响应 [D]. 长春: 东北师范大学, 2022.

[22] 郭旭冉, 黄志斌. 安徽农业绿色发展模式探索 [J]. 安徽农业大学学报 (社会科学版), 2022, 31 (1): 29 - 33.

[23] 郭书娟, 许亚东, 黄进勇. 基于熵权 TOPSIS 模型的农业绿色发展水平评价——以河南省为例 [J]. 浙江大学学报 (农业与生命科学版), 2024, 50 (2): 221 - 230.

[24] 郭海红, 张在旭. 新型城镇化对农业绿色全要素生产率的门槛效应 [J]. 湖南师范大学社会科学学报, 2019, 48 (2): 55 - 63.

[25] 韩冬梅, 刘静, 金书秦. 中国农业农村环境保护政策四十年回顾与展望 [J]. 环境与可持续发展, 2019, 44 (2): 16 - 21.

［26］韩冬雪，符越．高质量绿色发展助力乡村振兴的现状及路径研究
［J］．农业经济，2023（3）：21 – 23．

［27］韩宁．我国乡村振兴绿色发展道路探索研究［D］．武汉：中国地
质大学，2021．

［28］赫修贵．生态农业是中国发展现代农业的主导［J］．理论探讨，
2014（6）：89 – 92．

［29］何可，宋洪远．资源环境约束下的中国粮食安全：内涵、挑战与
政策取向［J］．南京农业大学学报（社会科学版），2021，21（3）：45 – 57．

［30］河南省濮阳市南乐县推行三个"全覆盖"破解农业面源污染治理
难题［J］．农产品市场，2022（8）：29．

［31］湖北省黄石市大冶市绿色种养促循环修复耕地保安全［J］．农产
品市场，2022（8）：37．

［32］胡青江．新疆农业高质量发展水平评价及提升路径研究［D］．乌
鲁木齐：新疆农业大学，2022．

［33］胡琴，何蒲明．基于农业供给侧改革的绿色农业发展问题研究
［J］．农业经济，2018（2）：45 – 47．

［34］华坚，李菁．中国式农业现代化发展水平测度及区域差异分析——
以吉林省为例［J］．中国农业资源与区划，2024，45（7）：156 – 169．

［35］黄炎忠，罗小锋，李兆亮．我国农业绿色生产水平的时空差异及
影响因素［J］．中国农业大学学报，2017，22（9）：183 – 190．

［36］姬翠梅．乡村振兴视域下京津冀农业绿色发展水平综合评价分析
［J］．中国农业资源与区划，2023，44（9）：71 – 80．

［37］贾大猛，张正河．农业绿色发展：内涵、现状与对策［J］．国家
治理，2023（8）：66 – 70．

［38］金芳，金荣学．农业产业结构变迁对绿色全要素生产率增长的空
间效应分析［J］．华中农业大学学报（社会科学版），2020（1）：124 –
134 + 168 – 169．

［39］金书秦，韩冬梅．科技创新是破解农业绿色发展难题的关键［N］．
科技日报，2019 – 04 – 22（001）．

［40］金书秦，张哲晰，胡钰，等．中国农业绿色转型的历史逻辑、理
论阐释与实践探索［J］．农业经济问题，2024（3）：4 – 19．

[41] 李新. 种植业面源污染空间计量分析及防治参与主体演化博弈研究 [D]. 哈尔滨：东北林业大学，2023.

[42] 李孝纯. 习近平生态文明思想的深刻内涵与理论渊源 [J]. 江淮论坛，2019 (1)：94-100+135.

[43] 李冠杰. "协同共生"：区域生态环境治理新范式 [J]. 武汉科技大学学报（社会科学版），2017，19 (6)：664-667.

[44] 李震，刘京蕊，李传友，等. QY42R 型遥控割草机性能测试 [J]. 农业工程，2022，12 (10)：9-12.

[45] 李周. 中国农业绿色发展：创新与演化 [J]. 中国农村经济，2023 (2)：2-16.

[46] 李周. 中国农业绿色发展：制度演化与实践行动 [J]. 求索，2022 (5)：97-105.

[47] 李由甲. 我国绿色农业发展的路径选择 [J]. 农业经济，2017 (3)：6-8.

[48] 李欠男，李谷成，尹朝静. 中国农业绿色发展水平的地区差异及收敛性——基于地级市面板数据的实证 [J]. 中国农业大学学报，2022，27 (2)：230-242.

[49] 林丽波. 乡村振兴背景下内蒙古农业绿色发展评价及耦合协调分析 [J]. 中国农业资源与区划，2023，44 (12)：21-31.

[50] 林玉妹，李承翰. 农业数字化转型对农业绿色增长的影响 [J]. 中国农业资源与区划，2024，45 (4)：28-41.

[51] 刘连华，张晴雯，黄雪良，等. 整建制全要素全链条农业面源污染综合防治的思考及实践 [J]. 农业工程学报，2024，40 (10)：306-314.

[52] 刘云达. 吉林省农产品主产区农业绿色发展格局、过程与机理研究 [D]. 北京：中国科学院大学（中国科学院东北地理与农业生态研究所），2020.

[53] 刘学侠，徐文哲. "双碳"背景下我国农业绿色发展路径创新 [J]. 理论视野，2023 (11)：65-70

[54] 刘轶芳，王晓娟，葛伟. 欧盟绿色农业政策对中国农业的冲击影响 [J]. 经济纵横，2023 (9)：76-85.

[55] 刘畅，王磊. 绿色农业发展与生态文明建设的关系探讨 [J]. 环

境工程, 2023, 41 (5): 246.

[56] 刘香玲, 孙斌. 农业绿色发展理念的三维论析 [J]. 江西社会科学, 2023, 43 (4): 24 –31.

[57] 刘兴, 王启云. 新时期我国生态农业模式发展研究 [J]. 经济地理, 2009, 29 (8): 1380 –1384.

[58] 刘健. 新中国农村生态环境治理的艰难探索与未来展望 [J]. 经济研究导刊, 2020 (36): 12 –15.

[59] 龙文军, 郑立平. 农业保险与可持续农业发展 [J]. 中国人口资源与环境, 2003, 13 (1): 102 –105

[60] 卢玮楠. 黄河流域农业用水绿色效率评价及提升路径研究 [D]. 杨凌: 西北农林科技大学, 2022.

[61] 罗必良. 推进我国农业绿色转型发展的战略选择 [J]. 农业经济与管理, 2017 (6): 8 –11.

[62] 罗翔. 基于循环经济理论的休闲农庄研究及规划设计 [D]. 昆明: 昆明理工大学, 2017.

[63] 罗娟, 姚宗路, 孟海波, 等. 我国农业绿色发展现状与典型模式——基于第1批国家农业绿色发展试点先行区的数据 [J]. 江苏农业科学, 2020, 48 (18): 1 –5.

[64] 吕凯, 李建军. 农业绿色发展背景下农民组织化问题研究 [J]. 农业经济, 2023 (6): 84 –86.

[65] 吕明, 黄宜, 陈蕊. 中国绿色农业区域差异性分析 [J]. 农村经济, 2022 (12): 78 –87.

[66] 马雪婷. 我国农业生态补偿法律制度的不足及完善对策 [J]. 农村经济与科技, 2023, 34 (20): 24 –27.

[67] 马健, 虞昊, 周佳. 日本农业绿色发展的路径、成效与政策启示 [J]. 中国生态农业学报 (中英文), 2023, 31 (1): 149 –162.

[68] 马健, 虞昊, 罗小娟. 农业绿色发展视角下美国有机农业的成功经验与政策启示 [J]. 中国生态农业学报 (中英文), 2022, 30 (3): 470 –483.

[69] 马嘉. 农业农村经济成绩单出炉粮食、肉、菜、奶全面增产 [N]. 中国商报, 2024 –01 –24 (002).

[70] 农业农村部关于深入推进生态环境保护工作的意见 [J]. 中华人

民共和国农业农村部公报，2018（8）：4-7.

[71] 农业部九位司长解读《关于创新体制机制推进农业绿色发展的意见》（下）[J]. 科学中国人，2017（33）：27-29.

[72] 潘丹，唐静，杨佳庆，等. 1978~2018 年中国农村环境管理政策演进特征——基于 206 份政策文本的量化分析 [J]. 中国农业大学学报，2020，25（6）：210-222.

[73] 浦徐进，马柯旭，王彦芳. 农村数字化对推动农业绿色高质量发展的影响分析 [J]. 中国农业资源与区划，2024，45（6）：83-95.

[74] 齐晓辉. 我国可持续农业技术创新动力机制问题研究——以新疆生产建设兵团为例 [J]. 科学进步与对策，2011，28（10）：57-61.

[75] 秦立公，李娟，王宁宁. 西部民族地区非粮主粮化健康食品供应链品牌治理模式研究 [J]. 江苏农业科学，2016，44（4）：509-513.

[76] 青神县推行"三制"模式探索农药包装废弃物回收处置新路子 [J]. 四川农业与农机，2021（1）：66.

[77] 曲天琦. 吉林省农业绿色发展研究 [D]. 长春：长春理工大学，2023.

[78] 邵光学. 中国式现代化背景下畜牧业绿色发展的时代价值、现实基础与完善路径 [J]. 饲料工业，2024，45（6）：130-133.

[79] 沈国际. 中国农业绿色生产效率研究 [D]. 北京：中央财经大学，2021.

[80] 司祥慧. 中国农业绿色发展水平的综合评价及提升对策研究 [D]. 济南：山东财经大学，2023.

[81] 四川省眉山市青神县创新"333"管理模式高效回收处置农药包装废弃物 [J]. 农产品市场，2022（8）：63.

[82] 苏晓磊. 内蒙古赤峰市农业资源可持续利用评价 [D]. 呼和浩特：内蒙古农业大学，2022.

[83] 孙炜琳，王瑞波，姜茜，等. 农业绿色发展的内涵与评价研究 [J]. 中国农业资源与区划，2019，40（4）：14-21.

[84] 唐健飞，刘剑玲. 省域农业可持续发展水平评价及其耦合协调分析——以长江经济带11省市为例 [J]. 经济地理，2022，42（12）：179-185.

[85] 陶星宇. 西南山地休旅介入型村落空间重构特征及机理研究 [D].

重庆：重庆大学，2021.

［86］天津市西青区借力智慧农业服务平台创新小站稻"五统一"标准化生产模式［J］．农产品市场，2022（8）：49.

［87］田恬．吉林省中部粮食主产区农业发展格局、机制及提升路径研究［D］．北京：中国科学院大学（中国科学院东北地理与农业生态研究所），2022.

［88］王婷婷．淄博市乡村发展类型及发展路径研究［D］．济南：山东建筑大学，2019.

［89］王红．农业生态环境修复治理措施探索［J］．农家参谋，2022（5）：49-51.

［90］王农，刘宝存，孙约兵．我国农业生态环境领域突出问题与未来科技创新的思考［J］．农业资源与环境学报，2020，37（1）：1-5.

［91］王笛．长三角生态绿色一体化示范区发展的模式与机制研究［D］．西宁：青海师范大学，2023.

［92］王磊，马金铭．数字普惠金融影响农业绿色发展的机制与效应［J］．华南农业大学学报（社会科学版），2023，22（6）：14-27.

［93］王翌秋，徐丽，曹蕾."双碳"目标下农业机械化与农业绿色发展——基于绿色全要素生产率的视角［J］．华中农业大学学报（社会科学版），2023（6）：56-69

［94］王可山，苏昕．我国食品安全政策演进轨迹与特征观察［J］．改革，2018（2）：31-44.

［95］王俊芹，苑甜甜．中国农业绿色发展政策演进及政策工具分析［J］．河北学刊，2023，43（2）：130-139.

［96］王火根，胡霜．江西省农业绿色发展协同效应研究［J］．安全与环境学报，2024，24（5）：2043-2054.

［97］王雅妮，程静．农业绿色发展水平及障碍因子研究——以湖北省为例［J］．云南农业大学学报（社会科学），2023，17（4）：70-76.

［98］王永生，璩路路，崔许锋，等．新质生产力与乡村绿色发展：新业态培育与新路径探索［J］．农业资源与环境学报，2024，41（5）：991-996.

［99］王辉．完善农业绿色发展支持政策［J］．中国金融，2022（9）：94.

[100] 王宝义. 中国农业生态化发展的评价分析与对策选择 [D]. 泰安：山东农业大学，2018.

[101] 魏颖芳. 新时代农业绿色发展研究 [D]. 长春：吉林大学，2023.

[102] 魏琦，张斌，金书秦. 中国农业绿色发展指数构建及区域比较研究 [J]. 农业经济问题，2018（11）：11-20.

[103] 韦佳培，吴洋滨. "双碳"目标下我国农业绿色发展的路径选择 [J]. 农业经济，2023（9）：25-27.

[104] 吴柳芬. 农村人居环境治理的演进脉络与实践约制 [J]. 学习与探索，2022（6）：34-43.

[105] 吴振磊，姚雪，高杨. 链长制的衍化趋势与赋能路径——以绿色低碳农业产业链为例 [J]. China Economist，2023，18（6）：101-127.

[106] 吴强，徐宣国，张园园. 中国农业绿色生产水平测度、地区差异及动态演化趋势分析 [J]. 统计与决策，2023，39（6）：109-113.

[107] 熊素，罗蓉. "双碳"目标下中国农业绿色发展：理论框架、困境审视及破局之道 [J]. 农村经济，2023（2）：106-115.

[108] 许秀川，吴朋雁. 绿色农业发展机制的演进——基于政府、农户和消费者三方博弈的视角 [J]. 中国农业大学学报，2022，27（1）：259-273.

[109] 许静. 新时期农业绿色发展的价值意蕴与实践指向 [J]. 农业经济，2022（11）：10-12.

[110] 许烜，宋微. 乡村振兴视域下农业绿色发展评价研究 [J]. 学习与探索，2021（3）：130-136.

[111] 徐邵文，赵玙璠，钱静斐. 高质量发展目标下中国农业绿色发展研究的现状、热点与趋势 [J]. 中国农业资源与区划，2024，45（7）：66-75.

[112] 徐可轩，秦光远. 协同推进生态产业化和产业生态化的实践与探索——以江苏有机农业发展为例 [J]. 江苏农业科学，2023，51（14）：256-260.

[113] 薛蕾. 农业产业集聚对农业绿色发展的影响研究 [D]. 成都：西南财经大学，2019.

[114] 薛来. 杭锦后旗：产地环境净化引领农业绿色发展 [N]. 内蒙古日报（汉），2023-11-28（001）.

[115] 闫旭，吴信科. 绿色金融促进河南农业绿色发展路径研究 [J]. 农业经济，2023（9）：120－121.

[116] 杨秀玉，魏秀文. 农业产业集聚、农业面源污染与农业绿色发展——基于空间异质性视角 [J]. 江苏农业科学，2022，50（1）：244－252.

[117] 杨嬡，许若冰，薛佳丽. 中国农业绿色发展政策主题与发文机构网络演进研究——基于1982～2022年政策文本的实证分析 [J]. 中国农业大学学报，2023，28（11）：236－250.

[118] 杨红生，邢丽丽，张立斌. 黄河三角洲蓝色农业绿色发展模式与途径的思考 [J]. 中国科学院院刊，2020，35（2）：175－182.

[119] 杨晓梅，尹昌斌. 农业生态产品的概念内涵和价值实现路径 [J]. 中国农业资源与区划，2022，43（12）：39－45.

[120] 任晓刚，李冠楠，王锐. 农业绿色发展支持政策的问题、成因与路径 [J]. 新视野，2022（1）：62－66.

[121] 尹娟. 农村地区产业绿色化发展困境及现实路径研究 [J]. 农业经济，2022（4）：15－17.

[122] 尹昌斌，李福夺，王术，等. 中国农业绿色发展的概念、内涵与原则 [J]. 中国农业资源与区划，2021，42（1）：1－6.

[123] 于法稳. 习近平绿色发展新思想与农业的绿色转型发展 [J]. 中国农村观察，2016（5）：2－9＋94.

[124] 于法稳. 新时代农业绿色发展动因、核心及对策研究 [J]. 中国农村经济，2018（5）：19－34.

[125] 于法稳. 基于绿色发展理念的智慧农业实现路径 [J]. 人民论坛·学术前沿，2020（24）：79－89

[126] 余亮. 湖南农业绿色发展及其影响因素分析 [D]. 长沙：湖南农业大学，2021.

[127] 袁云. 乡村振兴背景下农业绿色发展的现实困境与路径选择——基于"安丘模式"的调查研究 [J]. 西南金融，2023（5）：32－44.

[128] 袁久和. 我国农村绿色发展水平与影响因素的实证分析 [J]. 山西农业大学学报（社会科学版），2019，18（6）：46－53.

[129] 云南省红河哈尼族彝族自治州弥勒市发展生态产业探索绿水青山转化金山银山新路子 [J]. 农产品市场，2022（8）：38.

[130] 翟紫剑, 苏航, 孟令玺. 农业面源污染的危害与治理 [J]. 生态经济, 2021, 37 (6): 9–12.

[131] 张锦桦. 晋中市农业绿色发展模式研究 [D]. 成都: 四川省社会科学院, 2023.

[132] 张宁, 文慧子. 乡村振兴战略下农业可持续发展的问题与对策研究 [J]. 农业经济, 2023 (11): 3–6.

[133] 张灵芝, 何强, 漆雁斌, 等. 沱江流域县域农业绿色发展的区域差异与动态演进 [J]. 中国农业资源与区划, 2024, 45 (7): 54–65.

[134] 张康洁, 于法稳. "双碳" 目标下农业绿色发展研究: 进展与展望 [J]. 中国生态农业学报 (中英文), 2023, 31 (2): 214–225.

[135] 张钰婧, 叶飞. 我国农业绿色发展研究热点分析及展望 [J]. 农业资源与环境学报, 2023, 40 (1): 196–205.

[136] 张远新. 推进乡村生态振兴的必然逻辑、现实难题和实践路径 [J]. 甘肃社会科学, 2022 (2): 116–124.

[137] 张文进, 楚春礼, 鞠美庭. 中国农业绿色发展评价研究进展 [J]. 生态经济, 2023, 39 (4): 122–128.

[138] 张洁玉, 李富宁, 张捷. 共同富裕目标视域下农业经济高质量发展的策略探究 [J]. 农业经济, 2024 (8): 16–18.

[139] 张边秀, 陈明华, 李倩, 等. 和美乡村视域下的农业农村现代化: 特征、成就与难点突破 [J]. 华东经济管理, 2024, 38 (9): 73–84.

[140] 张旭光, 柴智慧. 政策性农业保险对农户绿色生产的影响研究——基于4省小麦种植户的调查数据 [J]. 保险研究, 2024 (6): 70–80.

[141] 赵佳琪. 中国特色社会主义生态文明理念指导下的绿色农业发展问题研究 [J]. 农业经济问题, 2023 (4): 2.

[142] 赵艺璇. 废弃物何以化 "春泥" [N]. 农民日报, 2024–03–23 (006).

[143] 赵立欣, 冯晶, 任雅薇, 等. 我国农业绿色发展现状与典型模式——基于第1批国家农业绿色发展试点先行区的数据 [J]. 江苏农业科学, 2020, 48 (18): 1–5.

[144] 曾华盛, 林超, 徐金海. "合纵连横": 产业融合发展支持农业绿色发展的创新模式——基于江苏典型案例的探讨 [J]. 生态经济, 2024, 40

（8）：124－129.

［145］郑博．四川省农业绿色发展技术效益评价研究［D］．成都：西南财经大学，2020.

［146］郑军，邓明珠．农业保险、农业规模经营与农业绿色发展［J］．华东经济管理，2024，38（1）：59－70.

［147］周旭海，胡霞，罗崇佳．碳中和目标下日本农业绿色发展战略研究［J］．亚太经济，2023（6）：72－80.

［148］周莉．乡村振兴背景下西藏农业绿色发展研究［J］．西北民族研究，2019（3）：116－127.

［149］周霞，李昕欣．绿色农业生产水平的空间异质性分析：基于山东省2010～2019年的经验数据［J］．经济与管理评论，2021，37（6）：152－164.

［150］周静．长江经济带农业绿色发展评价、区域差异分析及优化路径［J］．农村经济，2021（12）：99－108.

［151］钟晓萍，于晓华．中国式现代化道路下的农业发展逻辑、路径与政策选择［J］．学习与探索，2023（1）：144－152.

［152］中共中央　国务院关于做好二〇二三年全面推进乡村振兴重点工作的意见［J］．创造，2023，31（10）：1－7.

［153］朱齐超，李亚娟，申建波，等．我国农业全产业链绿色发展路径与对策研究［J］．中国工程科学，2022，24（1）：73－82.

［154］朱俊峰，邓远远．农业生产绿色转型：生成逻辑、困境与可行路径［J］．经济体制改革，2022（3）：84－89.

［155］朱东波．习近平绿色发展理念：思想基础、内涵体系与时代价值［J］．经济学家，2020（3）：5－15.

［156］卓娜，柴智慧．乡村生态振兴背景下农业绿色发展路径研究——基于农业绿色发展先行区的案例［J］．农业经济，2023（7）：7－11.

［157］Amaruzaman S，Leimona B，van Noordwijk M，et al. Discourses on the performance gap of agriculture in a green economy：a Q-methodology study in Indonesia［J］．International Journal of Biodiversity Science，Ecosystem Services & Management，2017，13（1）：233－247.

［158］Andrew Jarvis，Adarsh Varma，Justin Ram. Assessing green jobs potential in developing countries：A practitioner's guide［R］．Geneva，International

Labour Office, 2011.

[159] Banhegyi, Gabriella. Global Challenges and New Approaches in the Common Agricultural Policy 2014 – 2020 [J]. EU agrarian Law, 2015, 3 (2): 358 – 372.

[160] Barro R., Salari-Martin X. Convergence [J]. Journal of Political Economy, 1992, 100 (2): 223 – 251.

[161] Berentsen, B MP, van Asseldonk, et al. An empirical analysis of risk in conventional and organic arable farming in The Netherlands [J]. European Journal of Agronomy, 2016 (79): 100 – 106.

[162] Bina O. The green economy and sustainable development: an uneasy balance? [J]. Environment and Planning C: Government and Policy, 2013, 31 (6): 1023 – 1047.

[163] Carof, Matthieu, Bruno Colomb, et al. A guide for choosing the most appropriate method for multi-criteriaassessment of agricultural systems according to decision-makers'expectations [J]. Agricultural Systems, 2013 (115): 51 – 62.

[164] Clay N, Zimmerer K S. Who is resilient in Africa's Green Revolution? Sustainable intensification and Climate Smart Agriculture in Rwanda [J]. Land Use Policy, 2020 (97): 104558.

[165] Colin A Carter. The weather factor and variability in China's supply [J]. Journal of Comparative Economics, 2011, 26 (3): 50 – 54.

[166] Dercon Stefan. Climate change, green growth, and aid allocation to poor countries [J]. Oxford Review of Economic Policy, 2014, 30 (3): 531 – 549.

[167] Eve Z Bratman. Contradictions of Green Development: Human Rights and Environmental Norms in Light of Belo Monte Dam Activism [J]. Journal of Latin American Studies, 2014, 46 (2): 261 – 289.

[168] Gargano G, Licciardo F, Verrascina M, et al. The Agroecological Approach as a Model for Multifunctional Agriculture and Farming towards the European Green Deal 2030 – Some Evidence from the Italian Experience [J]. Sustainability, 2021, 4 (2215): 23.

[169] Georgiadis P, Besiou M. Environmental and economical sustainability

of WEEE closed-loop supply chains with recycling: a system dynamics analysis [J]. The International Journal of Advanced Manufacturing Technology, 2010 (5): 475 - 493.

[170] Hiroki Uematsu, Ashok K. Mishra. Organic farmers or conventional farmers: Where's the money? [J]. Ecological Economics, 2012 (3): 1 - 8.

[171] Ikerd J. The need for a system approach to sustainable agriculture [J]. Agriculture Ecosystems & Environment, 1993 (46): 147 - 160.

[172] Issa I, Hamm U. Adoption of organic farming as an opportunity for Syrian farmers of fresh fruit and vegetables: An application of the theory of planned behaviour and structural equation modelling [J]. Sustainability, 2017, 9 (11): 2024 - 2046.

[173] Jaffe A B, Newell R G, Stavins R N. A tale of two market failures: Technology and environmental policy [J]. Ecological Economics, 2005 (3): 164 - 174.

[174] Kansanga M, Andersen P, Kpienbaareh D, et al. Traditional agriculture in transition: examining the impacts of agricultural modernization on smallholder farming in Ghana under the new Green Revolution [J]. International Journal of Sustainable Development & World Ecology, 2019, 26 (1): 11 - 24.

[175] Kanter D R, Schwoob M H, Baethgen W E, et al. Translating the Sustainable Development Goals into action: A participatory backcasting approach for developing national agricultural transformation pathways [J]. Global Food Security, 2016 (10): 71 - 79.

[176] Karlsson M, Hovelsrud G K. "Everyone comes with their own shade of green": Negotiatingthe meaning of transformation in Norway's agriculture and fisheries sectors [J]. Journal of Rural Studies, 2021 (81): 259 - 268.

[177] Keller A. Pollution Abatement costs and foreign direct investment inflows to the United States [J]. Review of Economics and Statistics, 2002, 84 (4): 691 - 703.

[178] Krysiak F C. Environmental regulation, technological diversity, and the dynamics of technological change [J]. Journal of Economic Dynamics & Control, 2011, 35 (4): 528 - 544.

［179］Kutama A S, Abdullahi M A, Umar S, et al. Organic farming in Nigeria: Problems and future prospects ［J］. Global Advanced Research Journal of Agricultural Sciences, 2013, 2 (10): 256 – 262.

［180］Kumar P. Innovative tools and new metrics for inclusive green economy ［J］. Current Opinion in Environmental Sustainability, 2017 (24): 47 – 51.

［181］Lambin E F, Meyfroidt P. Land use transitions: socio-ecological feedback versus, socioeconomic change ［J］. Land Use Policy, 2010, 27 (2): 108 – 118.

［182］Laurett, Rozélia, Arminda Paço, et al. Measuring sustainable development, its antecedents, barriers and consequences in agriculture: An exploratory factor analysis ［J］. Environmental Development, 2020, 37 (6): 100583.

［183］Li M., Wang J, Zhao P, et al. Factors affecting the willingness of agricultural green production from the perspective of farmers' perceptions ［J］. Science of The Total Environment, 2020 (738): 140289.

［184］Maier L, Shobayashi M. Multifunctionality: towards an analytical framework ［M］. Paris: OECD Publishing, 2001.

［185］Mallin M A, Cahoon L B. Industrialized animal production-a major source of nutrientand microbial pollution to aquatic ecosystems ［J］. Population & Environment, 2003, 24 (5) 369 – 385.

［186］M. Kiley-Worthington. Ecological agriculture: What it is and how it works ［J］. Agriculture and Environment, 1981, 6 (4): 349 – 381.

［187］OECD. OECD Compendium of agri-environmental Indicators ［M］. Paris: OECD Publishing, 2013.

［188］Oskam A. Productivity measurement, incorporating environmental effects of agricultural production. ［J］. Developments in Agricultural Economics, 1991, 7 (2): 186 – 204.

［189］Pearce D, Markandya A, Barbier E. Blueprint for a green economy ［M］. London: Earthscan, 1989.

［190］Pearce D W, Turner R K. Economics of natural resources and the environment ［M］. London: Harvester Wheat sheaf, 1990.

［191］Pearce D W, Hamilton K, Atkinson G. Measuring sustainable development: Progress on indicators [J]. Environment and Development Economics, 1996 (1): 85 – 101.

[192] Rada N. India's post-green-revolution agricultural performance: what is driving growth? [J]. Agricultural Economics, 2016, 47 (3): 341 – 350.

[193] Rada N, Liefert W, Liefert O. Evaluating Agricultural Productivity and Policy in Russia [J]. Journal of Agricultural Economics, 2020, 71 (1): 96 – 117.

[194] Renting H, Rossing W A, Groot J C, et al. Exploring multifunctional agriculture. A review of conceptual approaches and prospects for an integrative transitional framework [J]. Journal of Environmental Management, 2009 (90): 1 – 12.

[195] Singh D. R. Environmental Issues for Socio-ecological Development [M]. New Delhi: Excel India Publishers, 2015.

[196] Sgroi F, Mario. Cost-benefit analysis: A comparison between conventional and organic olive growing in the Mediterranean Area [J]. Ecological Engineering, 2015 (82): 542 – 546.

[197] Soltani S, Azadi H, Mahmoudi H, et al. Organic agriculture in Iran: Farmers' barriers to and factors influencing adoption [J]. Renewable Agriculture and Food Systems, 2014, 29 (2): 126 – 134.

[198] Walley N, Whitehead. It's not easy been green in R. Welford and R. Starkey [R]. The Earth scan in Business and the Environment, London, Earth scan, 1996: 334 – 337.

[199] Willer H, Schlatter B, Trávníček J, et al. The world of organic agriculture: Statistics and emerging trends 2020 [M]. Bonn: Research Institute of Organic Agriculture (FiBL), Frick, and IFOAM-Organic International, 2020.

[200] World Bank. Inclusive Green Growth: The Pathway to Sustainable Development [R]. World Bank Publications, 2012: 1 – 188.

[201] Uematsu H. , Mishra A. K. Organic farmers or conventional farmers: Where's the money ? [J]. Ecological Economics, 2012 (78): 55 – 62.

[202] Zasada I. Multifunctional peri-urban agriculture—A review of societal demands and the provision of goods and services by farming [J]. Land Use Policy, 2011, 28 (4): 639 – 648.